大学英语教学的多维度研究

吴桂先 ◎ 著

中国出版集团

中译出版社

图书在版编目（CIP）数据

大学英语教学的多维度研究 / 吴桂先著. -- 北京：
中译出版社, 2024. 5. -- ISBN 978-7-5001-7959-7

Ⅰ. H319.3

中国国家版本馆CIP数据核字第2024AD3051号

大学英语教学的多维度研究
DAXUE YINGYU JIAOXUE DE DUOWEIDU YANJIU

出版发行 / 中译出版社
地　　址 / 北京市西城区新街口外大街28号普天德胜大厦主楼4层
电　　话 /（010）68359827, 68359303（发行部）；68359287（编辑部）
邮　　编 / 100044
传　　真 /（010）68357870
电子邮箱 / book@ctph.com.cn
网　　址 / http://www.ctph.com.cn

策划编辑 / 于建军
责任编辑 / 于建军
封面设计 / 蓝　博

排　　版 / 雅　琪
印　　刷 / 廊坊市文峰档案印务有限公司
经　　销 / 新华书店

规　　格 / 710毫米 × 1000毫米　　1/16
印　　张 / 12.25
字　　数 / 210千字
版　　次 / 2025年1月第1版
印　　次 / 2025年1月第1次

ISBN 978-7-5001-7959-7　　　　　　　　**定价：76.00元**

Foreword

前　言

　　《大学英语教学的多维度研究》一书是对大学英语教学领域的全面探讨与深入研究，旨在应对当代教育环境中的挑战并促进学生全面发展。本书涵盖了大学英语教学的多个层面，包括教学目标、课程设计、内容与教材选择、教学方法与策略、评估与反馈、技术支持与资源利用、学生参与互动，以及教师角色与发展。本书力求通过系统性地分析和深入研究，为教育者提供了新的思路和方法，为大学英语教学提供了有益的启示，为教育改革和实践提供了有力支持。

　　本书首先介绍了大学英语教学的背景与目的，探讨了其在当代教育中的重要性和意义。随后，对各个方面的研究意义进行了阐述，说明了多维度研究对于提高教学质量和促进学生发展的重要性。在研究方法概述中，本书系统地介绍了所采用的方法和途径，以确保研究的科学性和可靠性。

　　在具体章节中，本书从大学英语教学目标与课程设计开始，深入探讨了教学目标的确定和课程设计的原则与方法。接着，对教学内容与教材选择进行了论述，强调了核心内容和教材选择的重要性。在教学方法与策略章节，书中介绍了常用的教学方法和策略，并提出了根据不同情境和学生特点灵活运用的建议。评估与反馈章节则探讨了教学评估的方法和工具，以及评估结果对教学的影响和反馈机制。

　　在技术支持与教学资源方面，本书关注信息技术在大学英语教学中的应用，同时提供了获取和利用教学资源的方法。学生参与互动章节强调了学生在教学过程中的重要作用，并提出了促进学生积极参与的策略和方法。最后，在教师角色与发展章节，书中探讨了大学英语教师的角色定位、专业发展和培训需求，为教师提供了发展的方向和支持。

通过这些全面而深入的研究，本书旨在为大学英语教学提供全面而实用的指导，促进学生在大学英语学习中的全面发展。同时，研究结果也将为教育改革和实践提供有力支持，推动教育事业的进步与发展。

作者

2024 年 3 月

Contents

目 录

第一章　导论

第一节　研究背景与目的

一、研究背景

（一）大学英语教学的重要性

随着全球化进程的不断加速和信息化时代的到来，英语作为一种国际通用语言的地位日益凸显，其在全球范围内的使用和影响力不断扩大。在这样的背景下，大学英语教学显得尤为重要。首先，大学英语教学是培养学生语言能力的重要途径之一。通过系统的英语学习和实践，学生可以掌握英语的听、说、读、写等基本技能，提高他们的语言表达能力和沟通能力。其次，大学英语教学也是培养学生跨文化交流能力的重要手段。在当今全球化的背景下，跨文化交流能力对于学生的职业发展和社会交往至关重要。通过学习英语，学生可以了解不同文化背景下的思维方式、价值观念和社会习俗，从而更好地融入国际化的社会环境。此外，大学英语教学也是提高学生综合素养的重要途径。在英语学习的过程中，学生不仅能够获取各种各样的知识，还可以培养批判性思维、解决问题的能力以及自主学习的能力，从而提高他们的综合素养水平。

（二）教育环境的变化

当前，教育环境正经历着深刻的变革，主要表现为多元化、信息化和个性化等特点。一方面，随着社会经济的发展和科技的进步，人们对教育的需求日益多样化，教育对象的年龄、背景、能力水平等方面存在着较大差异，传统的一刀切的教学模式已经无法满足不同学生的需求。另一方面，信息化技术的飞速发展为教育提供了前所未有的机遇和挑战，教育资源的获取和利用变得更加便捷和广泛，但同时也带来了教学内容和方式的多样化和复杂化。此外，个性化教育理念的兴

1

起也推动了教育模式的变革，越来越多的教育者开始注重学生个体差异的尊重和发展，提倡因材施教，关注学生全面发展。

在这样的背景下，大学英语教学也面临着新的挑战和机遇。传统的教学模式已经无法满足学生的需求，需要更加注重学生个体差异的尊重和发展，灵活运用多种教学方法和手段，提高教学效果。同时，信息化技术的广泛应用为大学英语教学带来了更多的可能性，如在线学习平台、虚拟实验室等，可以更好地满足学生个性化、多样化的学习需求。

二、研究目的

（一）全面理解大学英语教学的多维度

本研究旨在深入探讨大学英语教学的各个方面，涵盖目标、课程设计、教材选择、教学方法、评估与反馈、技术支持、学生参与互动以及教师角色与发展等多个维度，以全面理解大学英语教学的多维度特征。

1. 教学目标的分析与理解

对大学英语教学的目标进行深入研究，明确教学目标的设定和达成路径，探讨如何使学生在语言能力、文化意识和跨文化交流等方面全面发展。

2. 课程设计的探讨与评价

分析大学英语课程设计的原则和方法，探讨如何根据学生的需求和特点设计合适的课程内容和教学活动，提高课程的实效性和吸引力。

3. 教材选择的标准与策略

研究大学英语教材的选择标准和策略，探讨如何根据教学目标和学生水平选择适合的教材，提高教学效果和学习动力。

4. 教学方法的比较与应用

分析大学英语教学中常用的教学方法和策略，探讨不同方法在不同教学情境下的优劣及灵活运用，以提高教学效果和学习效率。

5. 评估与反馈机制的建立与优化

研究大学英语教学中的评估方法和工具，探讨评估结果对教学的影响和反馈机制，以及如何建立有效的评估体系促进教学质量的持续提高。

6. 技术支持与教学资源的利用

探讨信息技术在大学英语教学中的应用，以及如何获取和利用各类教学资源，提高教学效率和教学质量。

7.学生参与互动的促进

研究学生参与互动在大学英语教学中的作用，探讨促进学生积极参与的策略和方法，提高学生学习动力和成就感。

8.教师角色与发展的探讨

分析大学英语教师的角色定位和专业发展路径，研究不同层次教师的培训需求和支持机制，提高教师教学水平和专业素养。

（二）提供实用指导和方法

通过对大学英语教学多维度的系统性分析和深入研究，旨在为教育者提供实用的指导和方法，以应对教学挑战，提高教学质量，促进学生全面发展。

1.提供针对性的教学建议和实践经验，帮助教育者更好地制定教学目标、设计教学内容、选择教材和运用教学方法等方面的决策。

2.提供有效的评估工具和方法，帮助教育者及时了解教学效果，发现问题并及时调整教学策略，以提高教学质量。

3.探索创新的教学模式和技术手段，如信息技术的应用、学生参与式教学等，以丰富教学方式，激发学生学习兴趣和动力。

4.强调教师的角色定位和专业发展，提供针对性地培训和支持，促进教师教学水平的不断提升。

第二节　研究意义

一、促进教学质量提升

通过对大学英语教学各个方面的深入研究，可以帮助教育者全面了解教学现状、发现存在的问题并提出解决方案，从而促进教学质量的持续提升。

（一）问题诊断与解决方案提出

通过研究大学英语教学的各个维度，如目标、课程设计、教材选择、教学方法等，可以深入诊断教学中存在的问题，针对性地提出解决方案，从而改善教学质量。

（二）教学策略的优化与改进

研究教学方法和策略的使用情况，可以发现哪些方法更有效，哪些方法需要改进和调整，有针对性地优化教学策略，提高教学效果。

（三）教学资源的合理利用

研究教学技术支持与教学资源的获取与利用方法，可以帮助教育者更好地利用现有资源，提高教学效率和质量。

二、推动教育改革和实践

本研究的结果将为教育改革和实践提供有力支持，为教育者提供新的思路和方法，推动教育事业的进步与发展。

（一）理论指导与实践探索

通过对大学英语教学的多维度研究，可以为教育改革提供理论支持，指导教育实践，推动教育模式的创新和进步。

（二）教育政策的制定与调整

研究结果可以为相关部门提供参考，为制定和调整教育政策提供科学依据，促进教育体制的不断完善和发展。

（三）教师培训与发展

研究教师角色与发展的课题，可以为教师培训提供参考和支持，提高教师的教学水平和专业素养。

三、促进学生全面发展

通过对大学英语教学的多维度研究，可以为教育者提供更多促进学生全面发展的策略和方法，使学生在语言能力、跨文化交流能力等方面得到更好的提升。

（一）个性化学习支持

研究结果可以为教育者提供个性化学习支持的方案，满足不同学生的学习需求，促进学生个性化发展。

（二）跨文化交流能力培养

通过教学方法和活动的设计，可以帮助学生提高跨文化交流能力，增强国际视野和竞争力。

（三）综合素养的提升

通过多样化的教学内容和评估方式，可以促进学生综合素养的全面提升，培养学生具备批判性思维、创新能力和团队合作精神等综合能力。

第三节　研究方法概述

一、研究设计

（一）定性与定量相结合

本研究将采用定性和定量相结合的方法。定性研究将通过深入挖掘问题的本质，了解教学实践中的具体情况和背后的原因；定量研究则通过统计分析数据，得出客观结论，验证研究假设，提供量化支持。这种方法的结合可以更全面地理解和解决问题，提高研究的可信度和说服力。

（二）案例研究

本研究将进行案例研究，通过对不同大学英语教学案例的深入分析，探究教学实践中存在的问题及解决方案。案例研究可以帮助研究者深入了解具体的教学情境和实践经验，提炼出可借鉴的教学策略和方法。

在研究设计中，定性与定量相结合的方法能够综合利用定性和定量数据的优势，充分理解和解决大学英语教学中的问题。通过案例研究，可以从实践中提炼出可行的教学策略和方法，为实际教学工作提供有益的借鉴和指导。

这样的研究设计有助于深入挖掘大学英语教学的多维度特征，为教育实践提供科学依据和实用指导。同时，结合定性和定量方法的优势，以及案例研究的深度分析，将能够提供具有较高学术价值的研究成果。

二、数据收集

（一）问卷调查

设计问卷并对大学生、教师等相关人群进行调查，了解他们对大学英语教学的看法和需求。问卷调查是一种广泛收集意见和反馈的有效方法，可以为研究提供丰富的数据来源。

1. 问卷设计

针对大学英语教学的各个方面设计问卷内容，包括教学目标、课程设计、教材选择、教学方法、评估与反馈等。确保问卷内容具有针对性和科学性，能够全面反映受访者的看法和需求。

2. 受访对象

主要包括大学生和教师两个主要群体，他们是大学英语教学的直接参与者和受益者。同时，也可以考虑涵盖其他相关人群，如教育管理者、教学辅助人员等。

3. 调查方式

采用在线调查或纸质调查的方式进行问卷发放，以便更广泛地覆盖受访者群体，并提高回收率和数据质量。

4. 数据分析

对问卷调查结果进行统计分析，包括描述性统计和推论性统计，以获取受访者的整体看法和意见分布情况，为研究提供客观的数据支持。

（二）访谈

通过与教育专家、教师、学生等相关人员进行深度访谈，获取他们的经验和观点。访谈是一种深入了解研究对象内在想法、态度和经验的重要途径。

1. 访谈对象选择

根据研究目的和问题，选择具有代表性和权威性的访谈对象，包括教育专家、经验丰富的教师和学生代表等。

2. 访谈内容设计

设计访谈提纲或话题列表，涵盖大学英语教学的各个方面，以引导访谈过程，确保获取丰富的信息和观点。

3. 访谈方式

可以采用面对面访谈、电话访谈或在线视频访谈等方式进行，根据受访者的实际情况和需求进行灵活选择。

4. 数据记录与整理

记录访谈过程中的关键内容和观点，进行整理和归纳，以便后续的数据分析和结果呈现。

三、数据分析

（一）定性分析

定性分析是对访谈内容、案例分析等进行内容分析的过程，旨在挖掘教学中的问题和解决方案，深入理解问题的本质和内在机制。

1. 访谈内容分析

将录音或记录下来的访谈内容进行整理和分类，提取出其中涉及的关键观点、问题和建议。

2. 案例分析

对收集到的大学英语教学案例进行深入分析，包括教学目标、课程设计、教材选择、教学方法等方面，发现其中的问题和成功经验。

3. 内容编码和分类

将提取出的信息进行编码和分类，以便后续的数据整合和分析。可以使用研究者自行设计的编码系统或者现有的研究工具进行支持。

4. 问题和解决方案提炼

在分析过程中，重点关注教学中存在的问题，并尝试提出解决方案。这需要对问题的根源进行深入探究，以便提出针对性地改进措施。

（二）定量分析

定量分析是对问卷调查结果进行统计分析的过程，旨在得出客观数据，验证研究假设，把握教学现状和趋势。

1. 数据清洗和整理

对收集到的问卷调查数据进行清洗和整理，确保数据的准确性和完整性。

2. 统计分析方法选择

根据研究问题和数据类型，选择合适的统计分析方法，包括描述性统计、相关分析、回归分析等。

3. 数据分析和解释

对统计结果进行分析和解释，发现数据之间的关联性和规律性，验证研究假设，并提出相关的结论和建议。

4. 结果呈现

将分析结果以图表、表格等形式进行直观呈现，以便研究者和读者更好地理解和接受研究结论。

第二章 大学英语教学目标与课程设计

第一节 大学英语教学的目标和要求

一、大学英语性质和特点

（一）大学英语的性质

1. 大学英语由来

首先，"大学英语"一词，是由"大学"和"英语"两个词融合而成，"大学英语"是一门课程之名；其次，这里的"大学"，不同于通常意义上的大学之义，特指为了区别人才培养所言的基础教育和高等教育的不同层次差别，如小学、中学、大学的层次意义上的称谓。我们之所以使用"大学英语"取代"高校英语"的名称，也是因为学习者在三种层级中，其基本知识与教学目标，即培养对象等方面均有很大的不同。所以作为课程的英语，便有了小学英语，中学英语，大学英语之分，当然还可以继续往上发展，如硕士英语、博士英语等。故本研究的大学英语特指其学科定位在本科阶段的课程，即：大学英语是一门以非英语专业本科生为教学对象的公共基础必修课程，其课程意义主要是为学生提供英语学习和发展所需的基础教育。

2. 性质界定明确

大学英语的性质有明确的界定。2007 年教育部印发《大学英语课程教学要求（试行）》（2007）（以下称《课程要求》）规定："大学英语教学是高等教育的一个有机组成部分，大学英语课程是大学生的一门必修的基础课程。大学英语是以英语语言知识与应用技能、学习策略和跨文化交际为主要内容，以外语教学理论为指导，并集多种教学模式和教学手段为一体的教学体系。"[1] 由于教育教学的发展，为了适应新时代的要求，2017 年教育部公布了《大学英语教学指南》

---

1 《大学英语课程教学要求（试行）》（2007）- 教育部.

（2017），它指出："大学英语课程兼有工具性和人文性的双重性质，大学英语教学目标是培养学生的英语应用能力，增强文化交际意识和交际能力，发展自主学习能力，提高综合文化素养，有效促进与使用英语，满足国家、社会、学校和个人发展的需要。"[1]

3. 学科属性清晰

大学英语归属于语言类学科，从分类来讲，属于文科类学科，是因为具有文科的特性品质；从教学来看，属于语言教学，是因为语言特征明显；从课程来分，属于综合，是因为内容兼有工具性和人文性。在我国，大学英语作为课程，它几乎成为所有高等学校为非英语专业在校大学生专门开设的一门公共必修基础课程，与大学体育和大学思想政治课程并列为大学课程里的三大公共必修基础课，在大学整个课程体系中大学英语课程长期开设，持续不变，占据重要地位。一般而言，大学英语课程设置完整，教材系列完备，教学严谨规范，价值意义重大。因此，其教学行为必须依据学科属性和语言特性施展，不能笼而统之，随意为之；必须根据大学英语课程教学的基本要求，融进英语语言知识、语言应用能力、英语习得策略、文化沟通交流的教学内容；必须依据科学合理的外语教学理论，采用灵活多样的教学方式与方法，遵照教学富有效益、合乎需求的价值原则，采取实用有效的融合性价值取向，大力开展大学英语教育教学活动，唯有这样的大学英语教学才既符合《大学英语课程教学要求（试行）》以及《大学英语教学指南》的教学要求，更重要的是可以最终实现语言教学目标。

（二）大学英语的特点

大学英语教学必然在一定程度上有别于其他的教学，具有独特性。厘清大学这些特性，对于大学英语教学价值取向的实施具有十分重要的意义。具体来说体现在以下七个方面。

1. 公共性

大学英语作为大学里所有专业都必须学的一门公共课程，具有明显的公共性。这种公共性主要体现在两个方面。首先，大学英语作为面向非英语专业在校学生的本科阶段课程，几乎所有大学生都需要修习，不论其专业背景如何。因此，它被赋予了自身的教学大纲、教学目标、教学评价以及一系列教材。然而，尽管有明确的教学框架，但大学英语的教学目标却常常显得模糊不清。例如，在培养学

---

1 《大学英语教学指南》（2017）- 教育部．

生的英语综合应用能力方面，尤其是听说能力的具体标准并没有得到明确阐述，导致教学目标缺乏准确性和标准性。教学内容方面也存在不足，有时甚至表现为随意性和过度侧重于应试。这些弊端使得当前的大学英语教学体系在标准化和专业性方面存在一定的差距，远未构建出一个科学合理的教学框架。

其次，大学英语与英语专业所涉及的内容有所不同。英语专业侧重于英语语言学和语用学等深度元认知学习，而大学英语更多涉及各专业学生在交际情境中表现出的公共性知识和文化意识。尽管大学英语也包含基本的语言学和语用学知识，但更注重的是学生在听、说、读、写等方面的应用能力，以及对文化背景的理解。正是由于这种公共性，大学英语在各大学所开设课程中拥有重要地位。通常，我国高校开设的大学英语课程为各专业学生在前两年的 4 个学期里的必修课程，总学分为 6 分。教学手段一般为教师教授课文并解释语言难点，辅以多媒体教学手段。然而，目前的教学方法往往只是为了改善课堂氛围，而对于教学效果的提升并没有太大的实质性意义。

2. 工具性

大学英语作为一门课程，其教学属于语言类教学，而语言本身具有多种属性，其中作为交际性工具的特征尤为明显。语言被视作人类交流和表达思想的工具，这种工具性质使得大学英语教学具有其特定的教学模式和目标取向。在大学英语的教学过程中，注重的是学生掌握英语语言的基本工具，以便他们能够有效地进行交际和表达。

通常，大学英语教学过程可以归纳为以下程序：温习上次学习内容、导入本次所学内容、解释字词句段、布置课后作业。在这个过程中，教师扮演着主导角色，而学生则被动地接受知识。教学的主要形式是知识性传授，强调字词句段的学习与掌握。因此，教学的工具性质十分显著。教学的外在目的和结果被极为重视，而教学过程则被看作是达到这些外在目的的手段。这种教学取向导致了传统的大学英语教学方法，如"满堂灌""主讲静听""播音教学"等。在这样的教学模式下，学生的情感态度、思想观念、文化差异、人格品质、学习情怀等人文性意识几乎被忽略。学生与教师之间的地位不平等，学生往往被动地接受教师的知识输入，而不是被视为教学过程中的主体。这导致了学生积极参与、共同探究、自主学习的热情被抑制，难以达到提升语言交际能力与人文素养的共同目标。

3. 人文性

作为语言课程的一种教学理念，大学英语教学不仅仅是简单地将英语视作一种工具，更需要高度重视语言的人文性。语言不仅是一种工具，还是文化的载体，反映了人类社会的思想、价值观和文化传统。因此，在大学英语教学中，必须同时强调语言的工具性和人文性。

大学英语课程不仅仅是为了教授学生英语知识和技能，更是为了拓宽学生的知识视野，让他们了解世界不同文化背景下的思想观念和价值体系。通过大学英语课程，学生可以更好地理解英语国家和地区的文化，探索中西方不同的思维方式，从而增长见识、开阔视野，培养批判性思维能力，提高人文素养。教学实践中，应该充分挖掘教材中蕴含的人文精神，通过影视鉴赏、场景对话等方式扩展教学内容，引导学生深入了解语言背后的文化内涵，培养他们的人文精神和人文品格。

在大学英语教学中，语言与文化的交融是不可分割的。通过中西语言与文化的交融，学生不仅可以掌握语言知识和技能，还可以深入了解两种不同文化的价值观和传统。大学英语教学旨在让学生在跨文化交际中运用所学知识和技能，促进不同文化之间的交流与理解，培养学生的跨文化交际能力。因此，大学英语教学的人文性特征十分明显。

4. 基础性

《大学英语教学指南》（2017）明确指出，大学英语作为高校教学的重要组成部分，拥有不可替代的地位，因此应当被设定为在校学生的基础课和必修课。在这一指南中，大学英语教学的基础性内容得到了详细描述，其中包括英语知识与技能、跨文化交际意识和交际能力。这些要素既是大学英语教学的目标要求，也构成了其基础性的关键组成部分。

大学英语的基础性体现在多个方面。首先，教学的重点是使学生掌握语言的共核部分，即最基本、最常用的语言知识和技能。尽管语言知识是庞大而复杂的，但大学英语教学侧重于教授学生最基本、最常见的内容，这为他们进一步的自学和深造奠定了基础。例如，在词汇记忆方面，学生主要学习并掌握最核心、最常用的词汇；在语法学习方面，也着重于常用的语法知识；而在文化习语方面，学生更多地了解和使用最常见的表达方式。这种基于语言共核的教学理念成为大学英语教学的核心目标，突显了其基础性的特点。

另外，大学英语课程的设置时段也体现了其基础性。一般来说，大学英语课程通常安排在大学一年级和二年级。这样的安排有着明确的理由：首先，与中学英语课程有一个基本的衔接，有助于学生在知识内容和难易程度上实现连贯的发展；其次，教学目标的设定也反映了对学生英语基础知识和技能获取以及文化意识培养的基本要求。因此，大学英语作为学生整个大学学习过程的基础性课程，在课程设置的时段上体现了其基础性特征。

5. 跨文化性

大学英语的跨文化性是其实践性的重要体现之一。大学英语教学旨在培养学生的跨文化交际意识，因此跨文化交际能力的培养成为该课程的主要教学目标之一。在大学英语教学实践活动中，跨文化的特性无处不在，近期一些大学在建构主义教育理念的影响下，将"情境""会话""交流""合作"等模式从英语专业教学中引入到大学英语教学中，这种文化教学法的盛行也体现了大学英语的跨文化性。

我们可以从多个角度来理解大学英语的跨文化性。首先，从我国大学生学习英语的环境来看，他们作为拥有汉语文化背景的中国人，同时受到汉语文化和英语文化的影响。在学习英语的过程中，他们常常需要在两种文化之间进行理解、纠结和释然。其次，从我国大学生自身发展来看，在当今高度国际化的时代，我国大学生作为高层次受教育者，需要直面国际化带来的机遇与挑战。他们需要在汉语文化和英语文化之间进行沟通、协调和融合，以适应全球化的潮流。再者，从我国大学生学习英语的行为本质来看，他们接受英语教育的目的并不是为了发展英语文化，而是在学习并吸收英语文化的基础上，发扬中国文化。因此，大学英语教学过程中必须妥善处理好创新（吸收英语文化）与坚守（发扬中国文化）的关系，以培养具有跨文化交际能力的国际化人才。

6. 针对性

大学英语作为一门课程，除了具备公共性和基础性之外，还应具有针对性。这种针对性可以从两个不同的角度来理解和实践。首先，大学英语的教学应该结合各专业的特点有针对性的开设。尽管大学英语是面向所有非英语专业的学生开设的公共性课程，但是考虑到不同专业学生的学科特点和需求，课程目标、内容和教学方法都应该有所差异，以满足不同专业学生对英语知识的特殊需求。例如，工程类专业的学生可能更需要学习与工程领域相关的专业英语词汇和表达方式，而医学类专业的学生则可能更需要学习与医学领域相关的英语知识和交流技巧。

其次，大学英语的教学应该在层次上体现出对高层次人才的专门性培养。随着我国高等教育规模的不断扩大，大学英语的课程设置面临一些挑战，其中最主要的问题之一就是课程设置的区别性不够明显。与高中阶段的英语教育相比，大学英语应该更加注重培养学生的综合能力，不仅包括英语知识与技能的掌握，还包括跨文化交际意识和交际能力的培养。因此，大学英语教学需要不断地更新教学内容和方法，使之更加贴合学生的学习需求和社会的发展需求，从而更好地培养学生的综合素质和适应能力。

在全球化的背景下，大学英语教学面临着新的挑战和机遇。为了更好地适应社会的需求，我们应该不断探索和完善大学英语教学模式，提高学生的英语水平和社会适应能力。这种针对性的教学特征使得大学英语教育更加具有实践意义和学术价值。

7. 实践性

大学英语作为一门课程，不仅具备理论教学的特点，更是一门实践性教学的课程。其实践性可以从两个维度来理解和解释。首先，大学英语的实践性特征可以从其作为语言工具的角度加以阐述。英语作为一种通向世界的工具，在当今全球化的背景下具有极其重要的实用性。大部分世界网络语言都以英语为主导，同时在联合国等国际组织中，英语也是主要的工作语言之一。因此，学习和掌握英语不仅仅是为了应对学业考试，更是为了在现实生活和职场中更好地交流和应对各种挑战，这就赋予了大学英语明显的实践性特征。

其次，大学英语的实践性体现在教学方法和教学理念的变革上。近年来，实践性教学法逐渐盛行，教学过程不再是单向地传授，而是更注重学生的参与和实践。例如，传统的教师授课模式逐渐演变为学生自主演示课文、相互讨论评价、思维碰撞、总结提升的教学过程。这种教学方式不仅仅改变了教学方法，更重要的是体现了教学理念的变革，使得学生更加积极地参与到学习过程中，充分展现了实践性的特征。通过这样的实践性教学过程，学生不仅可以更好地掌握和运用英语知识与技能，还能培养解决问题的能力和实践能力，从而更好地适应未来的社会和职业发展。

二、大学英语教学目标的明确和重要性

（一）目标的明确性

1.确立明确的教学目标是教学的基础

（1）教学工作的基础和前提

在大学英语教学中，确立明确的教学目标是教学工作的基础和前提。教学目标相当于教学的指南，指引着教师和学生在学习过程中前进。只有明确了教学目标，才能够有条不紊地开展教学活动，确保教学的有效性和质量。

（2）确保教学的针对性和有效性

明确的教学目标能够使教师更好地规划教学内容、选择教学方法和评价学生学习成果。通过明确的目标，教师能够更好地针对学生的需求和学习水平开展教学，确保教学活动的针对性和有效性。

2.与学生需求和学习背景相适应

（1）根据学生实际情况确定目标

教学目标应该根据学生的实际需求和学习背景进行确定，与学生的实际情况相适应。学生在大学英语学习中的目标和需求可能各不相同，因此教学目标应该考虑到不同学生的特点和差异。

（2）激发学生的学习兴趣和积极性

确立与学生需求和学习背景相适应的教学目标，能够更好地激发学生的学习兴趣和积极性。当学生认识到学习目标与他们的个人发展和职业目标相一致时，他们更愿意投入到学习中，提高学习积极性和主动性。

（二）目标的重要性

1.涉及学生语言能力的提升

（1）英语听、说、读、写的能力提升

大学英语教学的一个重要目标是帮助学生提高英语听、说、读、写的能力。这些语言技能是学生在学术和职业领域中进行有效交流和表达的基础。通过大学英语教学，学生可以不断提升自己的听力理解能力、口语表达能力、阅读理解能力和写作能力，从而更好地应对英语使用的各种场景和要求。

（2）应用英语进行有效交流和表达

通过提高语言能力，学生可以在学术、职业等方面运用英语进行有效交流和表达。无论是在学术研究中与国际同行进行合作，还是在职场中与外国客户进行

沟通，都需要具备良好的英语语言能力，这对于学生的职业发展至关重要。

2. 培养跨文化交流能力

（1）理解和尊重不同文化背景下的人们

大学英语教学还旨在培养学生的跨文化交流能力。在今天的全球化时代，跨文化交流能力越来越重要。通过学习英语，学生可以更好地理解和尊重不同文化背景下的人们，避免因文化差异而产生的误解和冲突，有效地与国际社会进行交流合作。

（2）与国际社会进行交流合作

具备跨文化交流能力的学生能够更好地与国际社会进行交流合作，参与到全球性的问题解决和合作项目中。这不仅有助于学生个人的成长和发展，也对推动世界各国之间的合作与发展具有重要意义。

3. 提升综合素养

大学英语教学的目标之一是提升学生的综合素养，这种素养涵盖了批判性思维、创新能力、团队合作精神等多个方面，对于学生未来的职业发展和社会责任具有重要意义。通过大学英语课程的学习，学生得以培养批判性思维的能力，这包括了学会独立思考和分析问题的能力。在课堂上，学生会接触到各种英语文章和文本，通过阅读、理解和评价这些文本，学生不仅可以提高自己的语言水平，更能够培养出批判性思维的能力，学会辨析信息、分析观点、提出自己的见解。这种思维方式不仅对于学术研究有着重要意义，也是在职场和生活中解决问题时必不可少的一种能力。

同时，大学英语课程也有助于学生提升团队合作能力和创新能力。在课堂上，教师可能会安排一些小组讨论、合作项目或者团队作业，这些活动能够促进学生之间的合作交流，培养他们的团队合作精神。通过与同学们合作完成任务，学生们不仅可以学会倾听他人意见、尊重他人观点，更能够学会团队协作、有效沟通和分工合作。这种团队合作的经验对于他们将来在工作中的团队合作和领导能力的培养都至关重要。

大学英语课程还鼓励学生发挥创新思维，通过课堂上的各种活动和任务，激发他们的创造力。教师可能会鼓励学生提出新颖的观点、设计创意性的项目或者进行独立的研究和探索，从而培养学生的创新意识和创造能力。这种创新思维的培养对于学生未来的职业发展至关重要，因为在一个不断变化和创新的社会中，具备创新能力的人才更容易获得成功。

三、对学生的要求和期望

（一）语言能力的提升是大学英语教学的首要目标

学生需要掌握英语的听、说、读、写等基本语言技能，以便能够在学术和职业领域中流利地运用英语进行交流和表达。

1. 听力技能的培养

在大学英语教学中，听力技能的培养是至关重要的一环。学生需要通过各种听力训练活动，包括听力材料的选择和设计，以及听力理解能力的提高，来提升他们的听力水平。教师可以选择具有不同语速、口音和语言风格的听力材料，如录音讲座、新闻报道、电影片段等，以帮助学生适应各种听力场景，并提高他们的听力理解能力。

2. 表达能力的提高

除了听力能力，口语表达能力也是大学英语教学的重要目标之一。学生应该有机会参与各种口语活动，如小组讨论、演讲比赛、角色扮演等，从而提高他们的口语表达能力。教师可以通过引导学生进行话题讨论、提供口语练习机会等方式，帮助他们克服语言障碍，流利地表达自己的想法和观点。

3. 阅读能力的加强

在大学英语教学中，阅读能力的培养是至关重要的。学生需要通过阅读各种英文材料，如文章、教材、报纸、期刊等，来提高他们的阅读理解能力和阅读速度。教师可以设计各种阅读任务，如阅读理解题、词汇填空、段落摘要等，以帮助学生提高他们的阅读能力，并培养他们的批判性思维能力。

4. 写作能力的培养

除了听说读能力，写作能力也是大学英语教学的重要组成部分。学生应该有机会练习各种写作形式，如议论文、报告、论文等，以提高他们的写作能力和逻辑思维能力。教师可以通过提供写作指导、评阅作文、组织写作讨论等方式，帮助学生提高他们的写作水平，并培养他们的创新能力和表达能力。

（二）培养学生的跨文化交流能力

除了语言能力，大学英语教学还应该注重培养学生的跨文化交流能力。随着全球化进程的加速，跨文化交流能力越来越受到重视。大学生将来可能会面临与来自不同文化背景的人合作或交往的情况，因此，他们需要具备一定的跨文化交流能力。

1. 跨文化意识的培养

在大学英语教学中，培养学生的跨文化意识是至关重要的。这包括使学生意识到不同文化背景下人们的思维方式、价值观念和行为习惯的差异。教师可以通过引导学生阅读跨文化交流相关的文献，观看跨文化交流案例分析等方式，帮助他们认识到不同文化之间存在的差异，并培养他们的跨文化敏感性和包容性。

2. 跨文化沟通技能的培养

除了了解不同文化的差异，学生还需要掌握跨文化沟通的技巧。教师可以通过模拟跨文化交流情境、角色扮演和案例分析等方式，帮助学生掌握有效的跨文化沟通技能，如尊重对方文化、适应对方沟通方式、避免文化冲突等。这些技能对学生未来在国际交往和跨文化工作中具有重要意义，能够增强他们的交流合作能力。

3. 跨文化交流经验的积累

为了加强学生的跨文化交流能力，大学英语课堂上可以开展各种跨文化交流活动和项目。例如，组织学生参加国际交流项目、与外国学生进行在线交流、参观外国文化活动等。通过这些实践活动，学生可以积累跨文化交流的经验，提高他们的跨文化适应能力和交流技能，为他们未来的国际交往和职业发展打下坚实的基础。

第二节　大学英语课程设计原则和方法

一、课程设计的基本原则和理念

大学英语课程设计的基本原则和理念是为了确保教学的有效性和学生的学习成果。以下是两个基本原则和理念（见图2-1）。

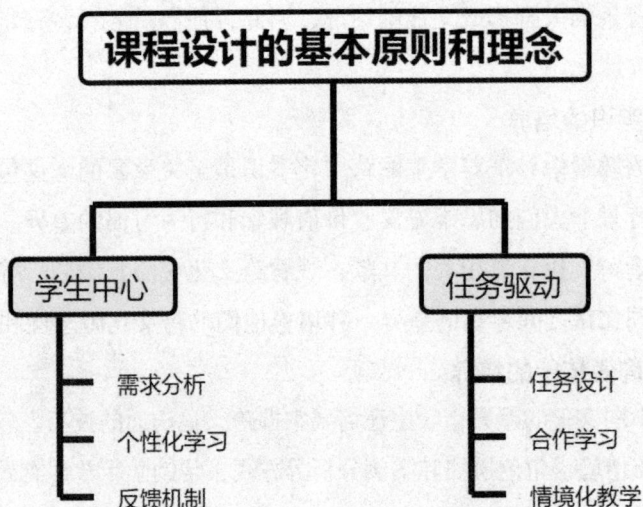

图 2-1　大学英语课程设计的基本原则和理念

（一）学生中心

1.学习需求分析

学生中心的课程设计首先需要进行深入的学习需求分析。这个过程涵盖了对学生的多方面信息的了解，包括但不限于他们的语言水平、学习目标、学习风格、兴趣爱好和专业背景。通过多种方式收集信息，比如调查问卷、学生访谈、学业记录等，教师可以全面地了解学生的需求和期望，从而为他们提供更加针对性地教学。

在学习需求分析阶段，教师需要考虑以下几个方面。

语言水平：了解学生的英语水平，包括听、说、读、写等方面的能力水平，以便确定教学内容的难度和深度。

学习目标：确定学生学习英语的目标，是为了应对学术考试、提高日常交流能力，还是为了专业发展等。

学习风格：了解学生的学习偏好和习惯，比如他们更倾向于视觉学习还是听觉学习，更喜欢个人学习还是团体合作学习。

兴趣爱好：探究学生的兴趣爱好，可以帮助教师设计更具吸引力的教学内容和活动，激发学生的学习兴趣。

专业背景：如果是面向特定专业的英语课程，需要了解学生的专业背景和需求，以便将课程内容与其专业知识结合起来。

通过对这些信息的收集和分析,教师可以更好地了解学生的学习特点和需求,有针对性地设计课程内容和教学活动,提高教学的有效性和学生的学习成果。

2.个性化学习

学生中心的课程设计强调个性化学习,即根据学生的不同需求和背景,设计个性化的学习计划和教学活动,以更好地满足他们的学习需求,提高他们的学习动机和成就感。

在实施个性化学习时,教师可以采取以下措施:

针对语言能力较弱的学生,可以提供额外的辅导课程或个性化的语言练习材料,帮助他们弥补基础知识的不足,提高语言水平。

针对具有特定专业需求的学生,可以设计相关的专业英语课程或项目,使课程内容与其专业知识相结合,提高学习的实用性和针对性。

提供多样化的学习资源和活动,满足不同学生的学习偏好和兴趣需求。比如,可以设置小组讨论、实地考察、文化交流等多种形式的教学活动,让学生在参与中学习、在体验中成长。

通过个性化学习的设计,学生可以更自主地学习,更有动力地参与到课堂活动中,提高学习效果和学习满意度。

3.反馈机制

建立有效的反馈机制是学生中心课程设计的重要组成部分。通过及时了解学生的学习情况,并根据反馈调整教学策略和内容,可以更好地满足学生的学习需求,提高教学的效果和学生的学习成果。

在建立反馈机制时,可以采取以下措施:

设计多样化的评价方式,包括课堂表现评价、作业评定、学习日志记录等,以全面了解学生的学习情况。

及时给予学生反馈,指导他们改进学习方法和提高学习效果。比如,可以通过批改作业、讨论课堂问题等方式,及时告知学生他们的学习表现和存在的问题。

鼓励学生之间互相反馈,促进他们之间的学习交流和合作。比如,可以设置小组互评、同学评价等环节,让学生从彼此之间的反馈中得到启发和提升。

通过建立有效的反馈机制,可以及时了解学生的学习情况,

（二）任务驱动

1. 任务设计

任务驱动的课程设计着眼于学生在实际情境中运用所学知识和技能。为此，任务设计应具有挑战性和启发性，能够激发学生的学习兴趣和动力。在设计任务时，需要考虑以下几个方面：

（1）任务类型

根据不同的语言技能和学习目标，设计多样化的任务类型，包括听力任务、口语任务、阅读任务和写作任务等。这样可以全面提高学生的语言能力。

（2）任务难度

任务设计应该具有一定的难度，既不至于过于简单而失去挑战性，也不至于过于困难而导致挫败感。教师需要根据学生的水平和能力合理设置任务难度。

（3）任务真实性

任务设计应具有一定的真实性和情境性，让学生在任务中能够体验到真实生活中的语言运用情境，从而增强学习的实践性和应用性。

（4）任务启发性

任务应该具有启发性，能够引发学生的思考和探索。通过设计富有启发性的任务，可以激发学生的学习兴趣，促进他们主动探索和学习。

通过合理设计任务，可以有效地激发学生的学习兴趣和动力，提高他们的学习效果和学习满意度。

2. 合作学习

任务驱动的课程设计强调学生之间的合作学习，通过小组讨论、合作项目等形式，促进学生之间的交流和合作。合作学习可以带来以下几方面的益处：

（1）团队意识

通过合作学习，学生可以培养团队意识，学会与他人合作、协调和共同努力。这对于他们未来的工作和生活都具有重要意义。

（2）沟通能力

在合作学习过程中，学生需要与他人进行交流和合作，从而提高他们的沟通能力和表达能力。这对于提高他们的语言能力和交际能力至关重要。

（3）解决问题能力

合作学习可以培养学生解决问题的能力和创新意识。在小组讨论或合作项目中，学生需要共同思考和解决问题，从而提高他们的解决问题能力和创新思维。

通过合作学习，学生不仅可以提高自己的学习效果，还可以学会与他人合作、沟通和解决问题的能力，为他们未来的发展打下良好的基础。

3. 情境化教学

任务驱动的课程设计强调将语言学习置于真实情境中，使学生在实际生活中能够运用所学语言进行交流和表达。为此，教师可以采取以下措施：

（1）设计情境化任务

教师可以设计与学生日常生活相关的任务和情境，比如购物对话、旅行规划等，让学生在情境中体验语言的实际运用。这样可以增强学生的学习兴趣和动力，提高他们的学习积极性。

（2）创设真实情境

教师可以利用现实生活中的情境资源，如市场、超市、餐厅等，创设真实的语言情境，让学生在实际环境中进行语言交流和实践。这样可以增强学生的语言运用能力和交际能力。

（3）体验文化差异

通过情境化教学，学生不仅可以提高语言能力，还可以体验不同文化背景下的语言运用情境，增进对其他文化的理解和尊重，培养跨文化交际能力。

通过情境化教学，可以使学生更加深入地理解和掌握所学语言，提高他们的语言

二、大学英语课程设计的方法

（一）交际教学法

在大学英语课程设计中，交际教学法被广泛运用，其核心在于通过真实语境中的语言交流和互动，提高学生的语言交际能力（见图 2-2）。

```
                                            ┌── 情景设计
                            ┌─ 情景模拟 ───┤── 语言表达
                            │               └── 角色分配
                            │
                            │               ┌── 角色设定
                            ├─ 角色扮演 ───┤── 情境设置
                            │               └── 反馈与改进
        交际教学法 ────────┤
                            │               ┌── 话题选择
                            ├─ 小组讨论 ───┤── 讨论规则
                            │               └── 角色分工
                            │
                            │               ┌── 情景设置
                            └─ 情景对话 ───┤
                                            └── 对话任务
```

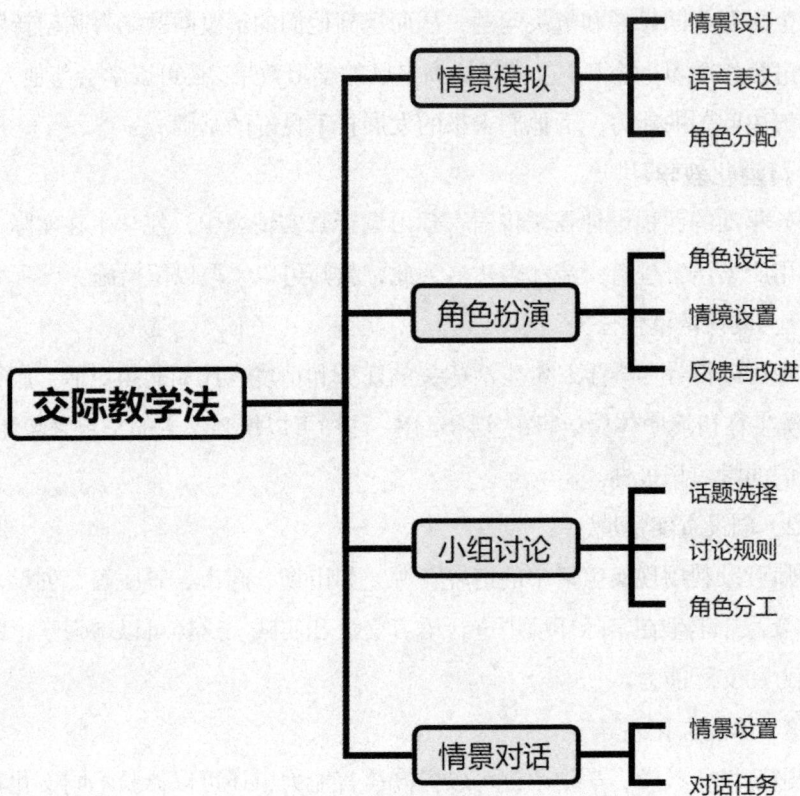

图 2-2　交际教学法的架构图

1. 情景模拟

情景模拟活动是交际教学法中的重要组成部分。通过设计情景模拟活动，如商务会谈、社交聚会、旅游问路等，学生能够在真实的语言情境中进行交流。这些活动有助于学生理解和掌握语言的实际运用场景，提高他们的语言交际能力。

（1）情景设计

教师可以根据课程内容和学生的实际需求设计各种情景，确保情景的真实性和实用性。例如，模拟商务会谈时可以设置不同的商业场景，让学生扮演不同的角色进行交流。

（2）语言表达

学生在情景模拟中需要运用所学的语言知识和技能进行交流。教师可以提供相关词汇和语言结构的支持，帮助学生更加流畅地表达自己的想法。

（3）角色分配

为了增加活动的趣味性和真实感，教师可以为每个学生分配不同的角色，让他们在情景中扮演不同的角色，体验不同的语言交流情境。

2. 角色扮演

角色扮演活动是交际教学法中的另一种重要形式。通过设计角色扮演活动，学生可以扮演不同的角色，进行语言交流和互动。这种活动能够让学生更加身临其境地体验语言使用情境，从而提高其语言交际能力。

（1）角色设定

教师可以为每个学生设计特定的角色，包括角色的身份、背景、兴趣爱好等，以确保角色的多样性和真实性。通过角色设定，学生能够更好地融入情境，提高交际的真实感和效果。

（2）情境设置

教师可以根据课程内容和学生的实际需求设置不同的情境，如日常生活场景、工作场景等。这样可以让学生在真实情景中进行角色扮演，提高其语言交际能力。

（3）反馈与改进

在角色扮演活动结束后，教师可以对学生的表现进行反馈和评价，并提供建设性的意见和建议。这有助于学生发现自己的不足之处，并在以后的交际中进行改进和提高。

3. 小组讨论

小组讨论活动是交际教学法中的一种常见形式。通过设计小组讨论活动，学生可以在小组内进行讨论和交流，分享观点和想法。这种活动可以促进学生之间的交流和合作，提高他们的口语表达能力和交际技能。

（1）话题选择

教师可以选择各种不同的话题，涵盖学生感兴趣的内容，以激发学生的讨论热情和积极性。话题的选择应与课程内容和学习目标相结合，既能够引发学生的兴趣，又能够促进语言交流和表达。

（2）讨论规则

在进行小组讨论活动时，教师可以设定一些讨论规则，如发言顺序、讨论时间、讨论内容等，以确保讨论的秩序和效果。同时，教师还可以提供一些讨论技巧和策略，帮助学生更好地进行交流和表达。

（3）角色分工

在小组讨论活动中，可以为每个学生分配不同的角色，如组长、记录员、发言者等，以确保讨论的有序进行。通过角色分工，可以提高学生的组织能力和领导能力，促进小组讨论的有效进行。

4. 情景对话

情景对话活动是交际教学法中的另一种重要形式。通过设计情景对话活动，学生可以在情景中进行对话练习，提高其语言应用能力。这种活动可以使学生更好地理解并掌握语言的实际使用方式。

（1）情景设置

教师可以根据课程内容和学生的实际需求设置不同的情境，如购物、旅行、工作等，以便学生在情境中进行对话练习。情景的设置应尽可能贴近学生的实际生活和学习经验，以提高活动的真实感和有效性。

（2）对话任务

在情景对话活动中，教师可以为学生设计具体的对话任务，如询问信息、交流意见、解决问题等，以激发学生的参与和表达。对话任务的设计应具有一定的难度和挑战性，以促进

（二）反思性学习法

在大学英语课程设计中，反思性学习法是一种重要的教学方法，通过促使学生对学习过程进行反思和总结，达到深层次学习和认知升华的目的（见图2-3）。

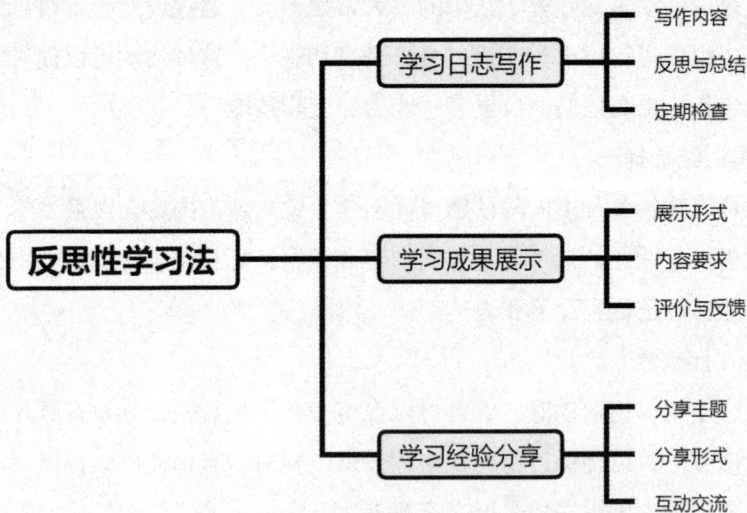

图2-3　反思性学习法架构图

1. 学习日志写作

学习日志写作是反思性学习法中的一项重要活动。通过设计学生撰写学习日

志，记录每天的学习心得、收获和感想，可以帮助学生及时反思自己的学习过程，发现问题并提出解决方案。

（1）写作内容

学生可以记录每天的学习情况，包括所学内容、遇到的困难、解决问题的方法、学习感悟等。写作内容应该真实、具体、有条理，反映学生的学习过程和思考。

（2）反思与总结

学习日志不仅仅是记录学习过程，更重要的是学生对学习过程的反思和总结。他们可以分析自己在学习中遇到的问题，思考解决问题的方法，并总结出有效的学习策略。

（3）定期检查

教师可以定期检查学生的学习日志，并给予反馈和指导。通过定期检查学习日志，教师可以了解学生的学习情况，及时发现问题并给予帮助。

2. 学习成果展示

学习成果展示是反思性学习法中的另一项重要活动。通过设计学生进行学习成果展示，让他们分享自己的学习成果和经验，可以促进学生之间的交流和互动，拓宽学生的思维和视野。

（1）展示形式

学生可以通过口头展示、书面报告、海报展示等形式展示自己的学习成果。展示形式应该多样化，以满足不同学生的需求和喜好。

（2）内容要求

学生的展示内容应该与课程内容和学习目标相关，具有一定的学术深度和专业性。他们可以分享自己在课程学习中的收获、成果和心得体会，以及对未来学习的规划和展望。

（3）评价与反馈

其他学生和教师可以对学生的学习成果进行评价和反馈，提出建设性意见和建议。通过评价与反馈，可以帮助学生发现自己的不足之处，并在以后的学习中加以改进。

3. 学习经验分享

学习经验分享是反思性学习法中的另一项重要活动。通过设计学生进行学习经验分享，让他们分享自己的学习经验和方法，可以让学生从彼此的经验中汲取养分，相互学习、相互成长。

（1）分享主题

学生可以分享自己在学习过程中遇到的问题、解决问题的方法、学习心得和体会等。分享主题可以根据学生的实际情况和兴趣来确定，既能够满足学生的需求，又能够激发学生的学习热情。

（2）分享形式

学生可以通过口头分享、写作分享、小组讨论等形式进行学习经验分享。分享形式应该多样化，以满足不同学生的需求和喜好。

（3）互动交流

在学习经验分享活动中，学生之间可以进行互动交流，相互借鉴、相互启发，共同进步。教师可以充当引导者和组织者的角色，促进学生之间的交流和合作。

（三）技术辅助教学法

技术辅助教学法在大学英语课程设计中的应用越来越受到重视，它能够有效地丰富教学内容，提供个性化学习支持，激发学生的学习动机和兴趣（见图2-4）。

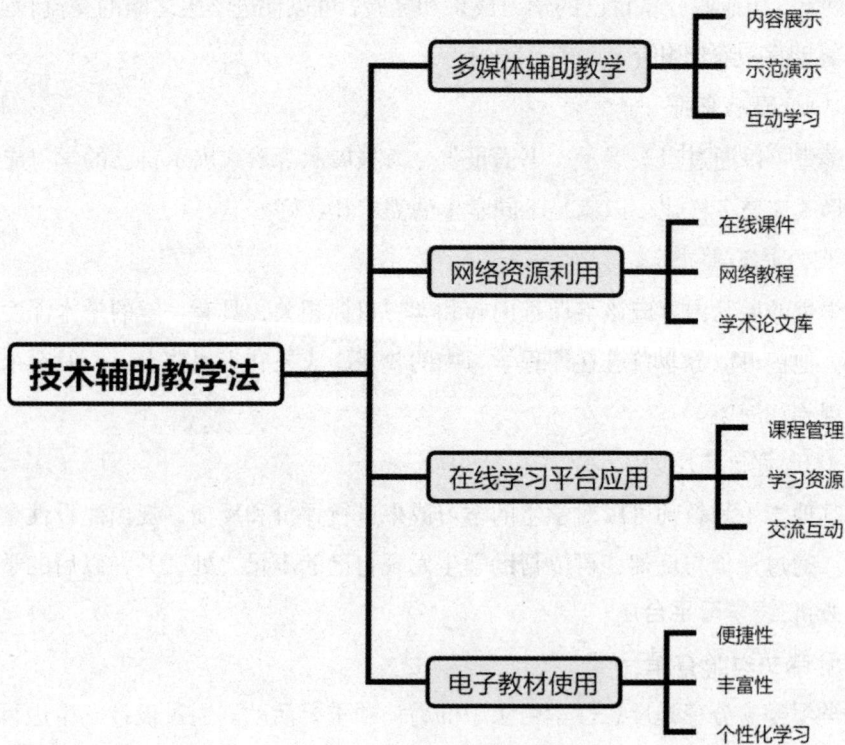

图2-4　技术辅助教学法

1. 多媒体辅助教学

多媒体辅助教学利用现代化的多媒体技术，如投影仪、电子白板等，展示丰富的教学内容，包括文字、图片、音频和视频等。这种教学方法能够吸引学生的注意力，提高他们的学习效果。

（1）内容展示

教师可以利用多媒体设备展示与课程内容相关的图片、视频片段、音频资料等，以直观形象的方式向学生展示教学内容，帮助学生更好地理解和掌握知识点。

（2）示范演示

通过多媒体技术，教师可以进行实地操作的示范演示，向学生展示具体的操作步骤和技巧，帮助他们更好地理解和掌握实践技能。

（3）互动学习

多媒体辅助教学还可以通过互动方式进行，例如利用电子白板进行互动式教学，让学生积极参与课堂，提高他们的学习兴趣和参与度。

2. 网络资源利用

网络资源是丰富的教学宝库，教师可以利用互联网资源进行教学，为学生提供丰富的学习资料和学习资源，方便他们随时随地进行学习。

（1）在线课件

教师可以利用各种在线课件制作工具，设计精美的课件，包括文字、图片、动画等多种形式，为学生呈现生动、直观的学习内容。

（2）网络教程

教师可以引导学生利用网络教程进行自主学习，如英语语法、写作技巧等方面的在线教程，帮助学生巩固和提高自己的英语能力。

（3）学术论文库

教师可以向学生推荐一些优秀的学术论文库，如 Google Scholar（谷歌学术搜索）、JSTOR（期刊储存）等，帮助他们查找和阅读相关领域的学术文献，拓宽学术视野，提高学术素养。

3. 在线学习平台应用

在线学习平台是一种虚拟学习环境，教师可以利用各种在线学习平台，如 Moodle、Canvas 等，建立在线课程和学习社区，为学生提供在线学习和交流的平台，促进教学资源的共享和学生之间的合作。

（1）课程管理

教师可以利用在线学习平台管理课程信息，包括课程大纲、教学计划、作业布置等，方便学生及时获取课程信息。

（2）学习资源

教师可以在在线学习平台上发布学习资源，包括课件、教学视频、练习题等，供学生在线学习和复习。

（3）交流互动

在线学习平台还可以建立学生论坛、讨论区等交流互动的功能，促进学生之间的交流和合作，拓宽学生的思维和视野。

4. 电子教材使用

随着电子技术的发展，越来越多的教材以电子形式出现，教师可以采用电子教材替代传统纸质教材，为学生提供更便捷、更丰富的学习资源。

（1）便捷性

学生可以随时随地通过电子设备访问电子教材，方便他们进行学习和复习。

（2）丰富性

电子教材通常包含丰富的多媒体内容，如音频、视频、互动动画等，可以提供更生动、更直观的学习体验。

（3）个性化学习

学生可以根据自己的学习需求和兴趣选择电子教材中的内容，进行个性化学习，提高学习效率。

第三章 大学英语教学内容与教材选择

第一节 大学英语教学的核心内容和知识体系

一、确定大学英语教学的核心内容和知识点

（一）语言技能

1. 听力

（1）听取信息

在听力技能中，学生需要能够有效地听取并理解听力材料中的信息。这包括对对话、演讲、讲座等不同形式的听力素材进行抓取信息的训练。学生应该学会倾听重点信息、主旨概括以及关键细节。

（2）理解主旨

学生需要具备理解听力材料主旨的能力，能够通过听力内容的整体把握，准确把握信息的中心思想和核心内容。这需要学生在听力训练中培养对上下文的敏感度，抓住主题词和关键词，从而更好地理解整段话题的主旨。

（3）抓取细节

除了理解主旨外，学生还需要有能力抓取听力材料中的细节信息，包括数字、日期、地点、人物等具体细节。这要求学生在听力过程中能够关注细节信息，并能够准确地记忆和理解这些信息，以便后续的运用和表达。

（4）听力材料的种类和难度分级

为了更好地培养学生的听力技能，听力材料的种类和难度需要进行科学的分级。这包括根据学生的水平和需求，选择不同主题、不同场景和不同难度的听力素材，从而逐步提高学生的听力能力和应对能力。

2. 口语

（1）口语表达

口语表达是口语技能的核心内容之一，学生需要能够流利地用英语进行口头表达。这包括语言的准确性、连贯性和流利度，学生应该通过大量的口语练习，培养自己的口语表达能力。

（2）语音语调

正确的语音语调是口语交流的基础，学生需要学会准确地发音、模仿地道的语音语调，并能够在口语表达中灵活运用。这需要通过反复的听力训练和口语练习，逐渐提高学生的语音语调水平。

（3）口语交际策略

口语交际策略是指在口语交流中采用恰当的交际方式和技巧，使交流更加顺畅和有效。学生需要学会使用礼貌用语、提问技巧、回答技巧等口语交际策略，以提高自己的口语交流能力。

3. 阅读

（1）阅读理解

阅读理解是阅读技能的核心，学生需要能够准确理解阅读材料的主旨、观点和论证。这包括对文章结构、逻辑关系、作者意图等方面的理解，学生应该通过大量的阅读训练，提高自己的阅读理解能力。

（2）词汇理解

词汇是阅读的基础，学生需要掌握足够的词汇量，能够理解阅读材料中的生词和短语。这需要学生通过词汇积累和词汇训练，不断扩大自己的词汇量，提高对词汇的理解和运用能力。

（3）推理判断

除了直接理解文本内容外，学生还需要具备推理判断的能力，能够根据上下文和语境进行推理和判断。这包括推断作者的观点、推断文章的逻辑关系等方面，学生应该通过阅读训练，提高自己的推理判断能力。

4. 写作

（1）写作结构

写作结构是写作技能的基础，学生需要能够合理地组织文章结构，包括开头、主体和结尾。这需要学生掌握不同类型文章的写作结构，能够根据写作任务和目的进行灵活运用。

（2）语法运用

正确的语法使用是写作的重要保障，学生需要掌握英语语法的基本规则和常用句型，能够在写作中正确地运用。这需要学生通过语法学习和写作实践，不断提高自己的语法水平。

（3）逻辑表达

逻辑表达是写作的关键，学生需要能够清晰地表达思想，合理地组织论述，使文章逻辑清晰、条理清楚。这需要学生通过写作练习，培养自己的逻辑思维能力和表达能力。

（二）文化与社会知识

1. 英语国家文化

（1）英语国家历史

学生需要了解英美等英语国家的历史，包括重要事件、历史人物、历史进程等方面的内容。通过学习历史，学生可以了解英语国家的发展轨迹，理解其文化传统的形成与演变。

（2）英语国家地理

学生需要掌握英语国家的地理位置、地形地貌、自然资源等基本地理知识。了解英语国家的地理环境有助于学生更好地理解其文化特点和社会发展状况。

（3）英语国家文化传统

学生需要了解英语国家的文化传统，包括文学、艺术、音乐、电影等方面的内容。通过学习文化传统，学生可以领略英语国家的文化魅力，提升对其文化的理解和欣赏能力。

（4）跨文化交际能力

学生需要培养跨文化交际能力，即在与英语国家人士交往时能够有效地沟通和交流。这包括了解不同文化之间的差异和共通点，学会尊重和包容不同文化，以及灵活运用语言和非语言手段进行跨文化交流。

2. 全球化与多元文化

（1）全球化对文化的影响

学生需要探讨全球化对世界各地文化的影响，包括文化传播、文化融合、文化冲突等方面的内容。了解全球化的影响有助于学生更好地适应和理解不断变化的国际环境。

（2）多元文化社会

学生需要了解不同国家和地区的多元文化社会，包括种族、宗教、语言、习俗等方面的多样性。学生应该学会欣赏和尊重不同文化，促进文化交流与融合，建设一个和谐多元的社会环境。

3. 社会热点与时事

（1）当前社会热点问题

学生需要关注当前社会热点问题，包括环境保护、气候变化、贫富分化、社会公平等方面的议题。学生应该了解这些问题的背景、原因和影响，以及可能的解决方案。

（2）国际时事事件

学生需要关注国际时事事件，包括政治、经济、科技、文化等各个领域的发展动态。学生应该能够及时获取并理解国际时事信息，了解国际社会的变化和发展趋势。

（3）英语表达能力

学生需要运用英语表达对社会现象的看法和观点，包括对社会热点问题和国际时事事件的评论和分析。学生应该能够用准确、清晰的语言表达自己的观点，并能够进行逻辑思维和辩证分析。

（三）专业领域知识

1. 学科英语

（1）专业英语词汇

针对不同学科领域，提供相关的英语词汇和术语。这些词汇涵盖了学科的基本概念、理论框架、方法论以及具体实践等方面，有助于学生理解和表达专业知识。

（2）学科背景知识

除了词汇外，还应提供相关学科的背景知识，包括历史、发展现状、前沿研究等方面的内容。这些知识可以帮助学生更好地把握学科的脉络和演变过程，从而更深入地理解专业领域。

（3）学术文献阅读与写作

培养学生阅读和撰写学术文献的能力，包括论文、期刊文章、学术报告等。学生需要掌握学术文献的阅读方法、写作结构以及引用规范，以提升其学术交流和研究能力。

2.职业素养

（1）沟通能力

培养学生在职场中良好的沟通能力，包括口头表达能力、书面表达能力、听取他人意见能力等方面。学生需要学会与同事、客户、领导等不同群体进行有效的沟通和交流。

（2）团队合作能力

强调团队合作精神，培养学生在团队中协调合作的能力。学生需要学会倾听他人意见、尊重他人观点、协调分工合作，共同完成团队任务。

（3）领导力

培养学生具备一定的领导能力和管理技能，包括组织协调能力、决策能力、激励团队能力等方面。学生需要学会在团队中扮演领导者的角色，引领团队朝着共同的目标努力。

二、构建完整的知识体系和课程框架

（一）课程结构

大学英语课程结构

大学英语课程通常分为基础课程和拓展课程两个部分，每个部分都有其独特的目标和内容，见图 3-1。

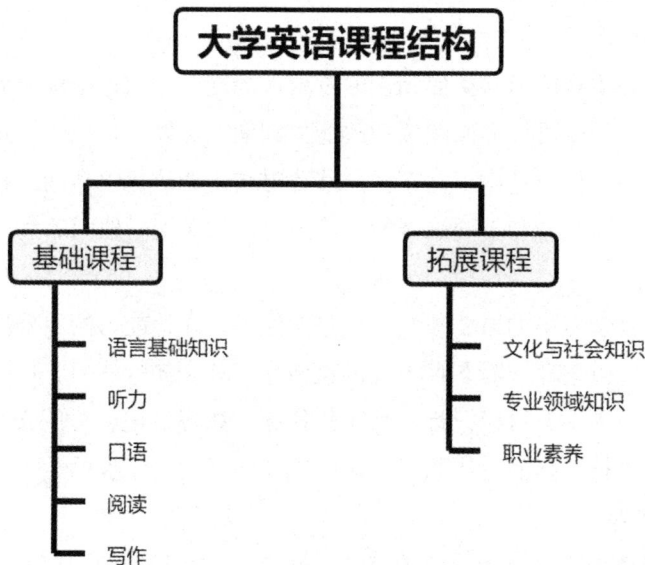

图 3-1 大学英语课程结构架构图

1. 基础课程

基础课程是大学英语教学的核心，旨在培养学生的基本语言技能和能力。该部分包括以下内容：

（1）语言基础知识

语言基础知识是学习英语的基础，它包括英语的基本语法、词汇、句型结构等内容。在教学中，需要系统地介绍英语的基础语法知识，如名词、动词、形容词、副词等的基本用法和句型结构。同时，还需要重点讲解常用的英语词汇，包括高频词汇和常见短语，帮助学生建立起扎实的词汇基础。通过系统的语法讲解和词汇学习，学生可以逐步掌握英语的基础知识，为后续的语言学习奠定坚实基础。

（2）听力

听力是语言学习的重要组成部分，也是学生语言能力中的重要方面。通过听力训练，学生可以提高对英语听力材料的理解能力和听写能力，使他们能够听懂各种语速和语调的英语材料。在教学中，可以采用多种听力材料，如录音、视频、讲座等，让学生接触到不同形式和不同难度的听力内容，从而提高他们的听力水平。

（3）口语

口语是语言交流中最直接的表达方式，也是学生英语能力的重要体现。通过口语练习，学生可以培养流利、准确地表达自己的能力，提高他们的口语交流能力。在教学中，可以设计各种口语活动和任务，如情景对话、口语演讲、口语辩论等，让学生有机会进行实际的口语练习，从而提高他们的口语表达能力。

（4）阅读

阅读是提高语言能力和扩展知识的重要途径之一。通过阅读不同类型的英语文章、短文等，学生可以提高阅读理解能力和阅读速度，扩展词汇量和语言表达能力。在教学中，可以选用丰富多样的阅读材料，如故事、新闻、科普文章等，让学生接触到不同主题和不同难度的阅读内容，从而提高他们的阅读水平。

（5）写作

写作是语言学习中的重要技能，也是学生语言表达能力的重要体现。通过写作练习，学生可以培养撰写各种类型的英语作文和文体的能力，提高他们的写作表达能力。在教学中，可以设计各种写作任务，如写日记、写作文、写邮件等，让学生有机会进行实际的写作练习，从而提高他们的写作水平。

2. 拓展课程

拓展课程是为了丰富学生的英语学习体验，拓宽他们的知识面和视野，使其能够更好地适应未来的学术和职业发展。该部分包括以下内容：

（1）文化与社会知识

文化与社会知识是拓展课程的重要组成部分，通过介绍英语国家的文化、历史、风俗习惯等，可以增进学生对不同文化的理解和尊重。在教学中，可以选择丰富多样的文化内容，如英国文学、美国历史、澳大利亚传统等，让学生了解不同国家和地区的文化特点和发展历程。通过学习文化与社会知识，学生可以拓展自己的知识面，提高跨文化交流能力，增强国际视野。

（2）专业领域知识

针对不同专业的学生，设置相应的英语课程是拓展课程的重要内容之一。通过专业领域知识的学习，学生可以掌握与专业相关的英语词汇、表达方式等，为未来的专业学习和工作打下基础。在教学中，可以根据学生的专业背景和兴趣，设计相关的专业英语课程，如商务英语、医学英语、法律英语等，让学生了解专业领域的专业术语和常用表达方式，提高他们在专业领域的英语应用能力。

（3）职业素养

职业素养是拓展课程的重要内容之一，它旨在培养学生在职场中所需的沟通能力、团队合作能力、领导能力等，提高他们的职业竞争力和适应能力。在教学中，可以通过案例分析、角色扮演、团队项目等方式，让学生体验真实的职场环境，培养他们的职业素养。同时，还可以邀请行业专家来授课，分享职场经验和技巧，帮助学生更好地了解职业发展的要求和挑战，提高他们的职业发展能力。

（二）学习路径

学习路径在大学英语教学中是一个重要的指导框架，它指引着学生从初级阶段逐步提升到中级和高级阶段，全面发展语言能力和知识水平，见图 3-2。

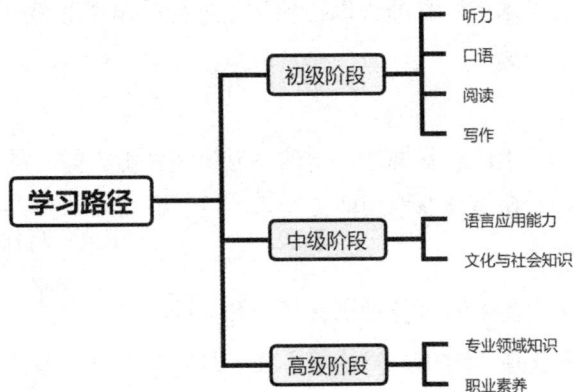

图 3-2　大学英语学习途径架构图

1. 初级阶段

在初级阶段，学生主要需要打好英语学习的基础，重点培养基础语言技能，包括听、说、读、写等方面。

（1）听力

在初级阶段，学生的听力水平可能相对较弱，因此需要通过大量的听力训练来提高对英语听力材料的理解能力和听写能力。教师可以设计各种听力练习，如听对话、听新闻、听讲座等，帮助学生逐步提高听力水平。同时，教师还可以引导学生进行听力笔记的技巧培养，提高他们的听力效率和准确度。

（2）口语

口语是英语学习的重要组成部分，在初级阶段，学生需要进行口语训练，以提高口语表达能力和语音准确性。通过对话练习、角色扮演等活动，学生可以增强英语口语交流能力。教师可以引导学生进行口语练习，帮助他们克服语言障碍，流利地表达自己的思想和观点。

（3）阅读

阅读是提高语言水平的有效途径之一，在初级阶段，学生需要进行大量的阅读训练，以提高阅读速度和阅读理解能力。教师可以引导学生阅读各种英语材料，如课文、文章、报纸等，培养学生的阅读习惯和技巧。同时，教师还可以组织阅读理解活动，帮助学生理解文章的主旨和细节内容。

（4）写作

写作是语言表达能力的重要体现，在初级阶段，学生需要进行写作训练，以提高写作表达能力和语法准确性。通过写作练习，如写日记、写作文等，学生可以逐步提高英语写作水平。教师可以指导学生进行写作规范和技巧的训练，帮助他们提高写作质量和效率。

2. 中级阶段

在中级阶段，学生已经掌握了一定的基础语言技能，需要进一步拓展语言应用能力，并加强对文化与社会知识的学习。

（1）语言应用能力

中级阶段的学生需要通过各种语言任务和活动，进一步提高语言的实际运用能力。这包括日常交流、讨论、辩论等方面。教师可以设计各种语言任务，如情景对话、小组讨论、口语演讲等，帮助学生更自如地运用所学知识进行交流和表达。通过这些活动，学生可以增强语言表达的流利度和准确性，培养他们在实际交际中的语言应对能力。

（2）文化与社会知识

在中级阶段，学生需要加强对英语国家的文化、历史、风俗习惯等方面的学习。这有助于他们更深入地了解英语国家的社会背景和文化特点，提升跨文化交流的能力。教师可以引导学生阅读相关文化材料，观看相关视频，参与相关文化活动，如文化节庆、访谈等，让学生在实践中感受和体验不同文化的魅力。通过这些活动，学生可以拓宽视野，提升文化素养，增强跨文化交流的能力。

中级阶段的目标是拓宽学生的知识面和视野，培养他们的跨文化交流能力和文化素养。

3. 高级阶段

在高级阶段，学生已经具备了较高的语言水平，需要注重培养专业领域知识和职业素养，为其未来的学术研究和职业发展做准备。

（1）专业领域知识

在高级阶段，教学应根据学生的专业方向和兴趣，设计相关的英语课程，帮助学生深入掌握与专业相关的英语词汇、表达方式和专业知识。这包括专业文献阅读、学术写作、学术演讲等方面的训练，以提升学生在专业领域的语言应用能力和学术素养。教师可以引导学生阅读专业期刊、参与学术讨论、进行学术研究项目等活动，帮助他们更好地理解和掌握专业知识，为未来的学术发展奠定坚实的基础。

（2）职业素养

除了专业领域知识外，高级阶段的学生还需要通过各种实践活动和项目，培养职场所需的沟通能力、团队合作能力、领导能力等。这包括模拟面试、团队项目管理、领导力训练等方面的实践活动，旨在提高学生的职业竞争力和适应能力。通过这些活动，学生可以更好地理解职场环境，提升自身素质，为未来的职业发展做好准备。

高级阶段的目标是通过专业领域知识的深入学习和职业素养的培养，为学生的学术研究和职业发展提供全面支持。这不仅有助于他们在专业领域中取得更好的成绩和表现，也为他们未来的职业生涯奠定了坚实的基础。

三、大学英语教学价值取向

大学英语教学是一种涉及实现语言学习价值的课程教学，因而，我们在具体分析大学英语教学价值取向时，可主要从价值论、语言学理论、主体论和课程与教学论等相关理论中获得信息支持。

（一）大学英语教学价值取向内涵

1. 价值论

在大学英语教学中，价值论是一个重要的理论框架，它涉及关于价值的哲学思考和探讨。价值论通常被定义为关于价值的哲学领域，旨在研究人类生活中各种价值现象，探索其中的共同原则和普遍性规律。根据价值论的奠基者们的看法，价值论不仅仅涉及伦理学、美学、宗教学、法学和经济学等学科中的各种具体价值现象，还关注这些价值现象中的某种共同的核心价值问题。

（1）价值论的核心问题

价值论的核心问题在于探索人类生活中普遍存在的价值现象，并寻找其中的基本原则。这些价值现象涵盖了个人与他人、个人与社会、社会与社会之间的关系，以及人类与自然、与宇宙的关系等方面。因此，价值论不仅仅关注于个体层面的需求和满足，还深入探讨了社会和整体人类生活的各个方面。

（2）价值论的人文主义观点

从价值论的人文主义观点来看，价值是一种属于人的现象和范畴。人类是产生、理解和分析价值的关键因素，因此，任何对于价值的讨论都必须限定在人的视野和活动范围之内。换言之，价值问题不能脱离人类而单独存在，价值的存在和意义始终与人的活动和生活密切相关。

（3）价值论对大学英语教学的影响

价值论的哲学思考对大学英语教学产生了重要影响。首先，价值论强调了教学活动的目的是满足社会和个体的特定需求，这意味着大学英语教学应当关注学生的个体差异和社会需求，以此为基础设计教学目标和内容。其次，价值论强调了教学活动的客观性和主观性，提示教师需要在教学设计中兼顾客观的教学客体和学生的主观需求，以确保教学活动的有效性和实用性。最后，价值论强调了教学活动的实践性，提示教师需要通过具体的教学实践活动来促进学生的学习和发展，使他们能够更好地理解和应用所学知识。

2. 大学英语教学价值、价值观和价值取向的关系

（1）教学价值与价值观的区别

在大学英语教学中，教学价值是指教学活动本身所固有的属性和能够满足学生或社会需求之间的关系，而教学价值观则是教学活动所呈现出来的结果，反映了教师和学生对教学价值的总体看法和态度。教学价值观是对教学活动价值的认知和评价，而教学价值则是这种认知和评价的基础和依据。

（2）教学价值观与价值取向的关系

教学价值观和价值取向之间存在着密切的联系和相互影响。教学价值观是具体的、个体化的，反映了师生对教学价值的具体看法和态度；而教学价值取向则是一种相对稳定的行为倾向，反映了大多数师生对教学价值的一致看法和认知。教学价值观和价值取向共同构成了教学活动的理论基础和实践指导，指导着教学实践的开展和发展。

（3）大学英语教学的价值取向

在大学英语教学中，教学价值取向是指师生对于大学英语教学价值的认知倾向和态度。这种价值取向不仅反映了过去和现在的教学观念和认知，还指导着未来教学活动的发展和改革。大学英语教学的价值取向应该基于对学科特点和学生需求的深刻理解，同时兼顾教学实践的可行性和有效性，以此为指导进行教学设计和实施。

（4）价值取向与教学改革创新

大学英语教学的价值取向与教学改革创新密切相关。在面对新的时代背景和社会需求时，教学的理念和方法需要不断地更新和改进，以适应不断变化的教育环境和学生需求。价值取向为教学改革提供了指导和动力，促进了教学的不断创新和发展。

首先，基于对大学英语教学的价值认知，教育者和决策者能够制定符合社会发展和个体成长需要的教学目标和课程设置。这些目标和设置应该体现了对英语学习的实际需求和价值取向，如培养学生的语言沟通能力、跨文化交际能力以及批判性思维能力等。通过明确的教学目标，教育工作者可以更有针对性地设计教学内容和活动，使之更符合学生的需求和社会的要求。

其次，教学的实施需要根据价值取向进行相应的教学方法和策略的选择。例如，注重学生参与和互动的教学方法能够更好地激发学生的学习兴趣和主动性，促进他们的语言运用能力和跨文化交际技能的发展。在教学过程中，教师应该注重学生的个性差异，采用多样化的教学手段和评价方式，以满足不同学生的学习需求和发展水平。

再次，教学的评价应该基于对教学价值的认知和理解，突出对学生综合能力和素养的评价。除了传统的考试和测验外，教师还可以采用项目作业、口头报告、小组讨论等形式来评价学生的语言表达能力、团队合作能力和跨文化交际能力等方面的表现。通过综合性评价，能够更准确地反映学生的学习成效和综合素质，为他们未来的学习和工作提供更好地指导和支持。

最后，教学的发展和改革需要教育工作者和决策者共同努力，形成合力。教育管理部门应该加强对教学价值取向的引导和规范，促进教师的专业发展和教学质量的提升。同时，教师应该不断提升自己的教学水平和专业素养，积极探索符合学生特点和时代要求的教学方法和策略，推动教学改革的深入发展。

（二）大学英语教学价值取向形态

1. 大学英语教学价值取向的工具性

（1）工具性价值的历史渊源

在中国近现代外语教学的初期阶段，外语教育被视为一种实用工具，主要是为了满足政治、经济的需要，而非注重人文素养的培养。清政府设立同文馆即是为了培养外语人才，以强化国家实力。这种功利主义的外语教育倾向在当今大学英语教学中依然存在。

（2）实用工具性的价值目标

大多数高校在开展大学英语教学时，将通过大学英语四、六级考试作为主要目标，而非真正培养学生的英语综合应用能力。学校普遍以提高四、六级考试通过率为教学目标，并将考试成绩与学生的毕业证或学位证挂钩，强化了功利主义的价值取向。

（3）教学方法和教材的应试导向

教学方法和教材设计也受到了功利主义取向的影响。课程设置和教材编写往往以四、六级考试的内容和要求为基础，强调四、六级词汇的覆盖率和复现率，并在教材中直接编写模拟考试题目，使得教学过程更偏向于应试教学。

（4）问题与挑战

大学英语教学过度强调应试导向的工具性价值，使得教学过程缺乏人文关怀和教育理念。学生被过分焦虑于应试压力，而非真正掌握英语语言技能，并且忽略了英语教育在培养人文素养方面的潜力。

2. 大学英语教学价值取向的人文性

（1）人文素养的重要性

随着社会发展和教育理念的变化，人文素养在教育中的地位日益凸显。学者们开始意识到将工具性教育转向人文关怀的重要性，强调语言教育应该更加注重培养学生的综合素养和人文品质。

（2）通识教育的推动作用

通识教育在高校中的普及和推广，为大学英语教育注入了人文关怀的元素。大学英语教学逐渐转变为培养学生的思想、文化素养和全方位素质，而非仅仅强调语言技能的应试训练。

（3）新的课程设置思路

在大学英语教学改革的推动下，提出了新的课程设置思路，即将大学英语课程与教育课程相结合，强调大学英语课程应该兼具语言技能训练和文化内涵传授的双重功能，注重推广中国文化。

（4）全球化时代的新趋势

在全球化时代，英语已成为全球交流的主要工具，但英语的所有权开始受到质疑，英语的多元化和地方化趋势日益显现。因此，大学英语教学应该更加注重培养学生的跨文化意识和人文素养，以适应多元化的语言环境。

第二节　大学英语教材选择的标准和策略

一、教材选择的基本原则和标准

（一）学生需求导向

教材选择应基于学生的实际需求和水平，确保内容与学生的学习目标和背景相适应。教材应该能够激发学生的学习兴趣，提高学习积极性。

（二）语言综合性

教材应该全面涵盖听、说、读、写等语言技能的训练，以培养学生全面发展的语言能力。教材内容应具有一定的深度和广度，涉及不同语言层次和语境。

（三）文化融合性

教材应该充分融合目标语言国家的文化元素，帮助学生更好地理解目标语言的文化背景，提高跨文化交际能力。同时，也应该包含学生本民族的文化内容，增强学生的文化认同感。

（四）教学方法多样性

教材应该采用多样化的教学方法和活动形式，包括任务型教学、交际教学、情境教学等，以满足不同学生的学习需求和学习风格。

（五）教学资源丰富性

教材应该配备丰富的教学资源，包括听力材料、视频资料、练习题等，以提供多样化的学习资源，丰富教学内容，激发学生学习的兴趣和热情。

二、大学英语教材的类型分析

（一）教科书型教材

教科书型教材是大学英语教学中常见的一种类型，通常由知名的出版社编写，以系统地介绍语言基础知识和技能为主要目的。这类教材的特点包括以下几点。

1. 系统性强

教科书型教材以系统性为特点，从语言基础知识到各种语言技能的训练，内容都被精心组织和编排。这种系统性体现在：

（1）基础知识覆盖

教材涵盖了语言学习的基础知识，包括语音、语法、词汇等方面，为学生打下坚实的语言基础。

（2）听、说、读、写全面培养

教材设计了听力、口语、阅读、写作等多个模块，通过有机结合，使学生在多方面得到全面培养。

（3）学习进度安排

教材按照教学大纲和学习进度进行编排，确保学生能够逐步、有序地学习，达到阶段性的学习目标。

2. 结构清晰

教科书型教材的结构清晰，便于教师和学生进行教学和学习安排。其结构清晰主要体现在：

（1）章节、单元划分

教材通常被划分为多个章节和单元，每个单元有明确的主题和学习目标，使学习内容更具有条理性和层次感。

（2）学习目标明确

每个单元都设有明确的学习目标，帮助学生清晰地了解本单元的学习重点和目标，有助于提高学习效率。

（3）内容丰富完整

教材内容涵盖了英语学习的各个方面，从基础知识到高级技能的训练，学生可以在一个教材中全面学习英语。

3. 注重练习

为了巩固学生的学习成果和提高语言技能，教科书型教材注重练习的设置和设计。其练习设计体现在：

（1）丰富多样的练习题

教材末尾通常设置了各种类型的练习题，包括选择题、填空题、翻译题、作文题等，帮助学生巩固所学知识。

（2）听、说、读、写全面覆盖

练习题涵盖了听力、口语、阅读、写作等多个方面，有针对性地训练学生的不同语言技能。

（3）答案解析和评价

教材提供了练习题的答案解析和评价，帮助学生及时了解自己的学习情况，及时调整学习策略。

4. 权威性强

教科书型教材通常由知名的专家学者或教育机构编写，具有一定的权威性和可信度。其权威性主要体现在：

（1）作者背景

教材的作者往往是具有丰富教学经验和专业知识的专家学者，其学术背景和教育经历保证了教材的质量和权威性。

（2）出版机构

教材由知名的出版机构出版发行，其严格的审核流程和优秀的编辑团队保证了教材的权威性和可信度。

（3）学术认可

教材经过了学术界和教育界的认可和推荐，得到了广泛的应用和好评，证明了其在英语教学领域的权威地位。

（二）综合型教材

综合型教材在大学英语教学中也占有一定的比重，它综合了不同类型和来源的教材内容，旨在满足学生全面发展的需求。这类教材的特点包括以下几点。

1. 多样性

综合型教材的首要特点是多样性。它不仅包括了传统的语言教学内容，如听力、口语、阅读、写作等基本技能，还涵盖了各种来源和类型的教学资源。这些资源包括：

（1）文学作品

包括小说、诗歌、戏剧等，旨在提高学生的文学素养和阅读能力，同时丰富语言表达方式。

（2）新闻报道

涵盖社会、政治、经济、文化等多个领域的新闻报道，帮助学生了解时事动态，提高阅读理解能力。

（3）学术论文

引入学术性的文章和论文，让学生接触专业领域的知识和术语，培养学术写作和阅读能力。

（4）影视资料

包括电影片段、纪录片、电视节目等，通过视听材料提高学生的听力水平，同时了解英语国家的文化和生活方式。

这种多样性的教学资源丰富了学生的学习体验，提供了更广阔的学习空间。

2. 灵活性

综合型教材注重灵活性，可以根据不同的教学目标和学生群体的需求进行灵活调整和定制。它可以灵活地结合不同的教学方法和策略，以及不同的教学资源，满足不同学生群体的学习特点和需求。

（1）个性化学习

教师可以根据学生的学习兴趣、水平和学科背景，选择合适的教学资源和教学方法，进行个性化的教学设计和安排。

（2）任务型教学

综合型教材通常设计了各种任务型活动，如项目研究、实践演练、角色扮演等，激发学生的学习兴趣和动力，提高学习效果。

这种灵活性使得教师能够更好地应对教学实践中的各种挑战，更有效地促进学生的语言学习和发展。

3. 强调语言实践

综合型教材强调语言的实际应用，通过真实的语言材料和案例分析，培养学生的语言运用能力和跨文化交际能力。这体现在以下几个方面：

（1）真实情境

教材中的语言材料和案例往往来源于真实的社会生活和学术研究，让学生在真实的情境中学习和应用语言知识。

（2）交际策略

教材注重培养学生的交际策略，包括语言表达技巧、沟通技能、文化意识等，帮助学生更好地与他人进行跨文化交流和合作。

（3）实践活动

教材设计了各种实践活动，如角色扮演、讨论辩论、项目合作等，让学生在实践中提升语言技能和交际能力。

4. 整合性强

综合型教材往往将语言技能与文化、社会、专业等领域相结合，促进学生全面发展和综合素质提升。通过将不同领域的知识和技能整合在一起，帮助学生建立更全面、更系统的知识体系，体现在以下几个方面：

（1）文化传承

教材涵盖了丰富多彩的文化内容，包括英语国家的历史、地理、传统、风俗习惯等，帮助学生了解和尊重不同文化背景下的人们生活和思维方式。

（2）社会认知

教材关注社会热点问题和时事事件，引导学生思考和讨论社会问题，培养他们的社会责任感和批判思维能力。

（3）专业知识

教材引入了与学生所学专业相关的知识和技能，让学生在语言学习的同时了解和掌握相关专业领域的知识，为未来的学习和职业发展打下基础。

通过综合性的教材设计和内容设置，学生不仅能够提高英语语言水平，

（三）专题型教材

专题型教材以特定主题或领域为中心，深入探讨相关的语言知识和技能，更加贴近学生的实际学习需求。这类教材的特点包括以下几点。

1. 主题明确

专题型教材的首要特点是主题明确。它围绕特定的主题或领域展开，如商务英语、旅游英语、法律英语等，旨在突出相关领域的专业性和实用性。这种主题的明确性有助于学生更加集中地学习和应用相关的语言知识和技能。

举例说明：比如一本商务英语教材可能会以商务会议、商务谈判、商务信函等为主题，帮助学生掌握商务领域常用的语言表达方式和交际技巧。

2. 深入细致

专题型教材对特定主题的讲解和探讨通常更加深入细致。它涉及专业术语、行业实践、文化背景等方面的内容，有助于学生全面理解和掌握相关领域的语言知识和技能。

案例分析：教材可能通过丰富的案例分析，深入探讨特定行业或领域的实际情况和应用场景，帮助学生理解相关概念和技能的具体运用。

3. 案例丰富

专题型教材通常会结合大量的实际案例和情景模拟，以丰富的案例展示相关主题或领域的语言使用情况。这有助于学生更加直观地理解和应用所学知识。

实际案例：例如，旅游英语教材可能会引入各种旅游情景的对话和场景，让学生在模拟的环境中练习语言表达和交际技巧。

4. 实践性强

专题型教材注重语言的实际运用，通过角色扮演、情景模拟、实地考察等形式，培养学生在特定领域的语言实践能力。这有助于学生在真实情景中运用所学知识，提高语言运用能力和实际应对能力。

实践活动：例如，法律英语教材可能设计模拟法庭辩论、法律文件撰写等实践活动，让学生在模拟的法律环境中练习语言应用和专业交流。

三、英语教学中文化内容呈现的路径

语言教学同时也是文化教学，大学英语教学中应该凸显文化因素。大学英语

教材是大学英语教学的中心环节，教材中出现严重文化选择和呈现的失衡，不利于大学生的世界文化知识建构，更不利于培养大学生对母语文化的认同感。因此，我们分析探索教材中不同文化的呈现，尤其是研究中国文化融入英语教学的有效路径。

（一）改革英语教材内容

改革大学英语教材内容是为了更好地满足学生的学习需求，促进他们的跨文化交流能力和文化素养的提升。以下是针对英语教材内容改革的三个主要方面。

1. 调整大学英语现有教材内容

现有的大学英语教材应该更多地呈现世界的多元文化，而不仅仅是英语国家的文化。教材内容可以通过不同国家的文化主题来展示各种语言使用场景，涵盖不同视角的文化态度和意识，同时也要融入本民族文化。通过增加外国人士评价中国文化的文章、中国优秀文学的作品选段以及中外文化比较的语篇等方式，教材可以帮助学生更好地了解和理解中国文化，提高他们的文化思辨能力和跨文化交际能力。

2. 加强母语文化在教材中的渗透

教师可以对现有教材进行"二次开发"，增加教材配套的中国文化的翻译或增加文化测试的内容。此外，可以将中国经典著作或文化负载词汇作为补充资料，使英语语言与中国文化有机融合于课堂教学之中。这样的做法不仅可以提高学生对文化的敏感性和自觉性，还可以让他们更好地用英语表达中国特色文化。

3. 英语原版教材的选编

在扩大英语原版教材引进渠道的同时，应该重视原版教材作家的文化立场。在文章的选取和内容的把握上，可以更多地选择国外汉学家涉中语篇，并且多以中国文化因素做铺垫。这样可以潜移默化地使学生在用英文思维的同时完成中国文化的传承，增强他们的母语文化的归属感和自信心。

（二）加强外语教师队伍的建设

外语教师队伍的建设是外语教学事业取得成功的关键。作为外语教学的主要实施者，外语教师不仅需要具备扎实的语言能力和教学技能，还需要具备丰富的文化知识和跨文化交流能力，以便更好地进行文化教学和跨文化交际。

首先，外语教师需要通过系统的课程培养和实践训练，获得进入教学职业所需的知识、技能和倾向。这意味着他们需要接受专业的外语教育培训，包括语言学、教育学、文化学等方面的知识。只有这样，他们才能够胜任外语教学工作，并且能够适应不同学生的学习需求。

面对外语教学中中国文化融入的挑战，外语教师除了需要丰富自身的优秀传统文化，提高中西文化知识储备外，还需要加强文化教学的能力。例如，他们可以采用多元文化互动的语言文化教学模式，通过中西文化对比的方式，在课堂上让学生建立起母语文化与目的语文化之间的联系。通过这种方式，学生可以更好地理解和接受目的语文化，提高跨文化交际能力。

外语教师还可以在课堂教学中建立相关语境，通过小组讨论、辩论等活动培养学生的跨文化意识。通过这些活动，学生可以更加深入地了解不同文化背景下的观点和价值观，增进彼此之间的理解和尊重。

同时，外语教师还应该创设课外文化学习环境，通过英语角、课外交流等方式，让学生在虚拟和真实的情境中进行跨文化交流。这样的活动可以帮助学生更加全面地了解目的语文化，同时也可以帮助他们处理好母语文化与目的语文化之间的关系，树立语言和文化的平等观。

（三）开辟网络教育阵地

随着信息时代的来临，网络已成为学生获取信息和知识的最主要途径，尤其是对于大学生这一群体而言。因此，高校可以充分利用网络资源，开辟网络教育阵地，搭建文化教育平台，以创新的方式向学生展现富有感染力的音频、视频，让他们深刻领会中华优秀传统文化的魅力。

网络教育平台的开拓具有多方面的益处。首先，它能够增强师生之间的交流，拉近彼此的距离。通过网络，教师和学生可以随时随地进行交流，分享学习心得、讨论问题，促进教学过程中的互动与合作。这种互动不仅可以加深师生之间的情感联系，还能够促进知识的传递和交流，提高教学效果。

其次，网络教育平台还可以为师生提供更加便捷的学习资源。通过网络，学生可以随时访问各种文化教育资源，如音频、视频、电子书籍等，丰富自己的学习内容，拓宽知识视野。而教师也可以在网络平台上分享优质的教学资源，为学生提供更加多样化和个性化的学习体验，满足不同学生的学习需求。

网络教育平台还能够为英语教育开拓更多的文化教育途径。通过网络，教师可以向学生传授中华优秀传统文化，引导他们深入了解中国文化的内涵和特点。同时，教师还可以通过网络平台对学生进行正确地引导，帮助他们正确理解和评价网络上的文化信息，培养他们的文化意识和批判思维能力。

（四）开展校园传统文化活动

校园传统文化活动对于大学生的教育具有深远的影响。通过举办各国文化学术报告、国学经典报告会等活动，学生可以深入了解文化多元化在当代的意义，同时增强对中国传统文化的认同感。这些活动为学生提供了详细解读中国传统文化的机会，让他们从不同角度理解中国文化的内涵和意义，从而深刻体会到中华文化的博大精深。此外，通过宣传和报告中国英雄模范、典型榜样的事迹，可以引导学生更加深刻地理解中国文化的内涵和价值观，激发他们的爱国情怀和责任意识。

除了学术报告和宣传活动，校园还可以积极开展以文化为主题的社会实践活动。例如，举办各国文化嘉年华活动，让学生在实践中了解和体验不同国家的文化，增强他们的文化辨别力和跨文化交际能力。这些活动不仅能够拓宽学生的视野，丰富他们的文化生活，还能够培养他们的国际视野和全球意识，为他们未来的发展打下坚实的基础。

在大学英语教育中，文化问题是一个重要的方面。当前的英语教材往往缺乏中国文化元素，导致学生缺乏对中国文化的了解和认同。因此，有必要科学合理地配置英语国家文化、中国文化和国际文化的知识，以适应全球多元文化发展的需要。在教学中，教师可以通过丰富的教学内容和活动，引导学生深入了解中国文化，提高他们的文化认同感和跨文化交际能力。

第四章　大学英语教学方法与策略

第一节　大学英语教学中常用的教学方法和策略

一、词块教学法

词块教学法是一种重视词汇学习的方法，它将单词、词组、语法、时态、语义和语境等方面的英语内容整合起来，为学生提供更有效的学习方式。

（一）词块教学法的基本内涵和分类

1.基本内涵

词块教学法是一种语言教学方法，其基本内涵包括以下几个方面：

（1）词块的定义

词块是将英语单词、词组、固定搭配、固定句式等语言单位结合在一起形成的整体，通过系统学习和整体掌握，使学习者能够快速、准确地运用在语言交流中。

（2）整体性学习

词块教学法注重学生整体性地掌握语言单位，而不是仅仅学习单个词汇。这种整体性学习有助于提高学生的语言表达能力和流利度。

（3）实用性强

词块教学法侧重于教授学生在实际语境中常用的词块表达方式，使学生能够更自然地运用英语进行交流和表达。

（4）系统性教学

词块教学法将词块按照一定的教学大纲和学习进度进行系统组织和教学，使学生能够逐步掌握不同类型的词块，并逐步提高语言运用能力。

2.分类

根据词块的特点和组成方式，词块可以分为以下四种类型：

（1）多个单词的组合

这种词块由多个单词组合而成，学生需要在学习过程中积累大量的单词，通过组合形成词块。例如，"take care of"（照顾）、"come up with"（提出）等。

（2）高频搭配组合

这种词块是英语日常交流和沟通中使用频率较高的词块，学生需要重点掌握并加以运用。例如，"thank you"（谢谢）、"how are you"（你好吗）等。

（3）固定表达的句式

这种词块是固定的句式结构，学生只需掌握固定的表达方式即可。例如，"It's time to..."（是时候...了）、"I'm looking forward to..."（我期待着...）等。

（4）半固定表达

这种词块一部分固定，另一部分可以根据语境进行变化。学生需要掌握前半部分的固定内容，并根据需要灵活运用后半部分。例如，"It's raining cats and dogs"（瓢泼大雨）中的 "raining cats and dogs" 是固定搭配，而 "It's raining..." 可以根据具体情况变化。

通过合理搭配和教学这四种类型的词块，教师可以帮助学生更有效地掌握英语语言，高效地提升他们的语言表达能力。

（二）词块教学法应用于大学英语教学存在的问题

词块教学法在大学英语教学中的应用存在一些问题，主要体现在学生学习态度和教师教学方法两个方面。

1.学生的英语学习过于功利化、实用化

（1）功利化倾向

部分学生将英语学习仅仅视为获取证书和提高竞争力的手段，而非真正理解语言背后的文化和思维方式。这种功利化的倾向使得学生忽视了语言学习的深层次意义，只追求应试技巧和应用能力。

（2）实用化偏向

学生过于关注英语的实用性，而忽略了语言学习的综合性和文化内涵。他们倾向于学习那些能够立即应用到生活和工作中的词汇和表达，而忽略了语言的美感、表达的深度和广度。

（3）短期导向

学生追求即时的成效和回报，往往缺乏长期的学习目标和持续的学习动力。

他们只关注眼前的考试和应用需求，而忽视了语言学习的持续性和深入性。

2. 英语课堂教学实践中老师对于词块教学法的应用不充分、不到位

（1）教学方法单一

部分教师仍然倾向于传统的语法教学和范文背诵，忽视了词块教学法对于学生语言运用能力的重要性。他们未能将词块教学融入课堂教学中，导致学生对于词块的掌握不够全面和深入。

（2）课堂设计不合理

一些教师在课堂设计中未能有效地引入词块教学法，课堂内容单一枯燥，缺乏足够的实践和互动环节。这种设计导致学生对于词块的学习效果不佳，无法真正掌握和运用。

（3）评价体系不健全

部分教师未能建立完善的评价体系，未能有效地对学生的词块掌握和应用能力进行评估和反馈。这种情况使得学生缺乏对于词块学习的动力和方向，无法有效地进行自我调整和提升。

（三）词块教学法在大学英语写作教学中的应用

1. 以社会生态学、系统论为原则推进词块教学法

（1）社会生态学视角下的词块教学法应用

社会生态学视角强调将学习内容与环境、社会背景进行有机结合，促进学生全面发展。在英语写作教学中，词块教学法可以借鉴社会生态学原理，通过将词块学习与学习环境、社会情境相结合，推动学生英语写作能力的提升。

①环境整合

社会生态学倡导将学习内容与环境有机整合，为学生创造良好的学习氛围。在词块教学中，教师可以设计与实际生活相关的语境，让学生在真实场景中学习和运用词块。例如，组织学生进行英语角活动或校园采访，引导他们在真实交流中运用所学词块，提升语言实践能力。

②社会交往

社会生态学强调人与环境之间的相互作用和社会交往。在词块教学中，教师可以通过小组合作、角色扮演等方式，营造积极的学习氛围，促进学生之间的合作交流。通过与同学的互动，学生可以共同探讨、分享和运用词块，增强学习效果。

③资源共享

社会生态学鼓励资源共享和协作，提升整体学习效益。在词块教学中，教师可以引导学生利用多种资源，如网络、图书馆、语言实践场景等，积极获取和应用词块。同时，教师也可以建立学生之间的资源共享机制，鼓励他们相互交流、学习和借鉴，共同提升英语写作能力。

④生态平衡

社会生态学关注生态系统的平衡和稳定。在词块教学中，教师应根据学生的实际水平和需求，合理设计词块教学内容和进度，保持教学过程的平衡和稳定。避免教学内容过于繁杂或跳跃，确保学生能够逐步掌握和运用所学词块，实现良性学习循环。

（2）系统论视角下的词块教学法应用

系统论强调整体与局部的相互作用，以及系统内部各部分之间的关联和互动。在英语写作教学中，词块教学法应用系统论视角，促进学生英语写作能力的综合提升。

①整体设计

系统论倡导从整体角度看待问题，强调整体设计与局部实践的统一。在词块教学中，教师应从整体上设计课程目标、教学内容和评价标准，确保学生在词块学习过程中能够全面提升英语写作能力。

②相互作用

系统论关注系统内各部分之间的相互作用和影响。在词块教学中，教师应设计多样化的教学活动，引导学生在语言实践、思维碰撞、反思提升等过程中相互作用，促进词块学习的深入和巩固。

③反馈调控

系统论注重反馈调控，通过及时反馈信息对系统进行调整和优化。在词块教学中，教师应提供及时有效地反馈，帮助学生发现问题、改进方法，不断优化词块学习策略，提升英语写作水平。

④自组织学习

系统论强调系统内部的自组织和自调节能力。在词块教学中，教师应鼓励学生自主学习、自主思考，引导他们在实际应用中不断调节和完善词块知识体系，实现自主学习和持续提升。

2. 分阶段推进的词块教学法在大学英语写作教学中的应用实践

词块教学法在英语写作教学中的应用，不是一蹴而就的，而是需要循序渐进、稳扎稳打，分阶段推进，从而让学生真正掌握词块的内容与知识点。分阶段推进词块教学法在英语写作教学中的应用，有利于加强学生对已经掌握的知识与内容的巩固提升。

（1）加强学生对目标词块的辨认

加强学生对目标词块的辨认是大学英语写作教学中至关重要的一环。在教学实践中，老师可以采取多种策略来帮助学生深度学习和有效掌握目标词块。首先，老师可以根据英语课本内容，选取具有代表性的词组或固定搭配，将其摘录出来进行讲解和示范。通过对每个词块的解释、例句演示以及语境运用，帮助学生理解词块的含义和用法。

在学生对词块的含义有一定了解之后，老师可以进行有效地辨析。通过比较相似词块之间的区别，引导学生深入思考并加深对词块的理解。例如，对于一些常见的短语动词如 "take off" 和 "take out"，可以通过对其用法的对比来帮助学生区分它们的含义和用法，从而避免在写作中出现混淆。

当前大学英语写作教学对学生词汇量的要求日益提高，需要学生准确、凝练地应用高级词汇和固定搭配。因此，加强学生对目标词块的辨认与掌握显得尤为重要。学生在词块学习中主动观察、辨别词块，可以将 passively absorbed knowledge 转化为 actively acquired skills。这样的学习方式不仅提高了学生的学习动机和学习效果，还能够让他们更加自信地运用所学词汇进行英语写作。

（2）加强学生对目标词块的自主探索

在大学英语写作教学中，加强学生对目标词块的自主探索是提高学生英语写作能力的关键一环。通过合理引导和指导，老师可以激发学生的学习兴趣和学习动力，使他们能够自主地探索和学习目标词块，从而提高英语写作水平。

首先，老师可以在课堂上向学生介绍一些常见的词组或固定搭配，并进行详细解释和示范。然后，鼓励学生根据所学知识，自主进行词块的延伸和拓展。例如，学生可以尝试将目标词块与其他相关的词汇进行比较、对比，以便更好地理解词块的含义和用法。同时，学生还可以尝试根据词块的语义特点，自主探索其在不同语境下的运用方式，从而加深对词块的理解和记忆。

其次，老师可以通过一些具体的训练和练习，帮助学生巩固和应用所学的词块。例如，老师可以设计一些练习题，要求学生根据给定的语境，选择合适的词块填空或完成句子。这样的练习不仅可以帮助学生检验对词块的掌握程度，还可以培养学生独立思考和解决问题的能力。

老师还可以鼓励学生在写作过程中积极运用所学的词块。学生可以根据写作的主题和内容，自主回忆和选择适当的词块，将其巧妙地运用到文章中，从而使文章的表达更加准确、生动。同时，学生还可以通过阅读优秀的英语作品，积累更多的词块，并尝试将其运用到自己的写作中，不断提高写作水平。

（3）提升学生对目标词块的巩固

在学生已经初步掌握目标词块的基础上，巩固和强化这些词块的学习至关重要。巩固阶段的主要目标是确保学生能够牢固记忆和准确应用所学的词块，以提高其在英语写作中的表达能力和流畅度。

一种有效的方法是通过阅读理解和口语表达来巩固词块。老师可以提供一些包含目标词块的英语阅读材料，并要求学生在阅读后进行复述或总结。在复述过程中，学生需要运用到所学的词块，从而加深对其理解和记忆。同时，老师可以组织学生进行相关主题或问题的自由讨论，引导他们在口语表达中运用目标词块，提高其口语表达能力。

老师还可以设计一些针对性的练习和作业，以帮助学生巩固词块的记忆和应用。例如，可以编写填空题或选择题，让学生根据语境选择合适的词块填入空白处。这样的练习不仅可以检验学生对词块的掌握程度，还可以帮助他们加深对词块的理解和应用能力。

另外，老师还可以组织学生进行词块的相关活动和游戏，以增加学生的学习兴趣和参与度。例如，可以设计词块匹配游戏或角色扮演活动，让学生在游戏中运用所学的词块，达到轻松愉快地巩固词块的效果。

3. 按照学生的学习习惯，实现学以致用，提升学生的英语写作能力和水平

汉语是我们的母语，所以学生在英语学习中会受到母语学习习惯和思维模式的影响，学生长期化的学习习惯和图式很难得到扭转，这就要求老师能够结合学生的学习习惯，增强学生学以致用的能力。目前很多大学生在英语单词、词组、固定搭配、句法、时态的积累和掌握上已经很充分，但是却不知道怎么将学习到的内容应用于实践。因而老师在词块教学的实施中，应该做到以下两个方面的有效提升和促进。

（1）词块教学中坚持学以致用的目的

词块教学的最终目的在于培养学生将所学的词汇、词组和固定搭配等语言元素运用到实际语言交流和写作中的能力，实现学以致用。这一目的是避免学生仅仅停留在死记硬背的程度，而是要让他们能够灵活运用所学的词块，真正地表达自己的思想和观点。

首先，词块教学的学以致用目的在于帮助学生形成英语思维模式。通过词块的学习和应用，学生可以逐渐形成英语思维的习惯，习得英语表达的方式和逻辑，从而提高英语写作的连贯性和流畅度。学生不再需要在写作时翻译或思考每一个单词，而是能够自然而然地运用所学的词块进行表达，使写作更加自然、地道。

其次，词块教学的学以致用目的在于提高学生的写作效率和质量。通过词块的学习和应用，学生可以在写作过程中更加快速、准确地构思和表达自己的想法。他们不再需要花费大量的时间去寻找合适的词汇或句型，而是能够通过灵活运用词块来丰富文章的表达，使写作更加高效、精准。

词块教学的学以致用目的还在于提高学生的语言综合素养。通过词块的学习和应用，学生不仅能够提高自己的写作能力，还能够在口语交流中更加流利、自信地表达自己的观点。他们可以运用所学的词块进行口语表达，从而提高口语沟通的效果和质量，使语言交流更加顺畅、自然。

（2）根据学生的学习习惯，推进词块教学法应用于英语写作教学实践

在英语写作教学实践中，了解学生的学习习惯并将词块教学法有机地融入其中是至关重要的。考虑到学生普遍采用背诵记忆的学习方法，我们可以通过以下方式推进词块教学法应用于英语写作教学实践。

首先，老师可以利用课本内容或其他学习资源，将常用的词块整理成文档或列表，并提供给学生进行背诵和记忆。这样的词块文档可以包括常用单词、常见词组和固定搭配等，帮助学生系统地积累和掌握英语表达所需的基本语言元素。这种背诵记忆的学习方法符合学生的学习习惯，能够帮助他们快速、有效地掌握词块的内容。

其次，老师可以通过展示优秀范文的方式，引导学生将所学的词块应用到实际的英语写作中。在展示范文的同时，老师可以解释范文中所使用的词块，并鼓励学生进行模仿和套用。通过对范文的分析和实践，学生可以更加直观地理解词块的使用方法，从而提高他们的写作水平和表达能力。

老师还可以设计一些针对性地写作练习，让学生在实践中运用所学的词块。这些练习可以包括填空练习、句子改写、段落展开等，通过不同形式的写作任务，促进学生对词块的灵活运用和巩固。

最后，老师应该给予学生及时地反馈和指导，帮助他们发现并纠正在写作过程中可能存在的问题。通过对学生写作作品的审阅和评价，老师可以指导学生进一步完善自己的写作技巧，提高词块的应用水平。

二、内容教学法

大学英语内容教学法是指在大学英语教学中，如何有效地组织和呈现教学内容，以促进学生语言能力的全面提高。

（一）内容型教学法的优势

1. 内容型教学法的基本特点

（1）综合性教学

内容型教学法突破了传统语言教学的局限，不仅注重培养学生的语言技能，还涵盖特定学科的知识。这种综合性教学使学生在学习语言的同时能够全面提升其他学科的素养。

（2）语言与学科的有机融合

内容型教学法强调将语言教学与具体学科内容有机融合。不仅关注语言的独立学习，还注重语言在学科学习中的实际应用。这种有机融合促使学生更好地理解和运用语言。

（3）知识获取与语言运用并重

与传统语言教学不同，内容型教学法在教学中注重学生通过获取学科知识来提高语言运用能力。这使得学生在语言学习的同时能够深入学科领域，实现知识与语言的双重提升。

2. 内容型教学法对学科知识的整合

（1）综合语言技能与学科知识

内容型教学法通过整合语言技能培养和学科知识获取，使学生在学习过程中既提高语言运用能力，又能够理解和运用特定学科的知识。这种综合型的学习方式有助于学生更全面地发展。

（2）语言与学科的紧密联系

教师在内容型教学法中注重将语言与学科内容紧密联系，通过有机地教学设计使学生能够在学科领域中灵活运用语言。这种联系不仅增加了学科学习的趣味性，同时也提高了语言的实际运用能力。

（3）教学方法的多样性

内容型教学法要求教师在教学中采用多样的方法，确保学生能够既学到语言技能，又能获取相关学科知识。这种整合性的教学方法有助于提高学生的学科素养和语言能力。

（二）内容型教学在大学英语中的实际应用

1. 语言技能与学科知识的同步发展

（1）整合语言技能培养与学科知识提升

第一，通过角色扮演，学生能够置身于模拟的情境中，提供了一个具有实践性质的语言学习体验。角色扮演活动能够模拟各种真实生活场景，例如商务谈判、医患交流、社交场合等，使学生在模拟中感受真实语境的复杂性和多样性。这种实践性学习能够更直观地帮助学生理解和运用语言知识，促使他们在实际情境中更自如地进行语言交流。

第二，角色扮演活动锻炼了学生的语言能力。首先，学生在扮演不同的角色时需要运用各种语言技能，包括正确的词汇选择、流利的口语表达、适当的语调等。这种综合型的语言运用有助于提高学生的语言表达能力。其次，通过角色扮演，学生有机会运用特定领域的专业术语，提升他们在特定领域的专业性语言水平。例如，在医学角色扮演中，学生可能需要运用医学专业词汇，从而巩固和拓展相关领域的语言知识。

第三，角色扮演活动提高了学生在特定场景下的应对能力。首先，学生在模拟的情境中需要适应不同的社交规则和文化背景，培养了他们的跨文化交际能力。这种培养有助于学生更好地理解和适应多元化的社会环境。其次，角色扮演活动常常涉及情境中的问题解决和沟通协商，锻炼了学生在面对复杂问题时的思考和应对能力。例如，在商务角色扮演中，学生可能需要处理谈判、合作和解决争端，这种实际操作有助于培养学生的实际应用能力。

第四，通过角色扮演，学生能够提高在团队协作中的沟通和协调能力。在角色扮演活动中，学生通常需要与其他同学合作，共同完成任务或解决问题。这种团队协作的经验有助于培养学生的团队合作精神，使他们更好地理解在实际工作和社交中的团队协作的重要性。此外，学生通过与其他同学互动，还能够学习他人的经验和观点，拓宽视野，增强学习的多元性。

（2）跨学科能力的培养

首先，内容型教学在大学英语中注重培养学生的跨学科能力，通过有机结合语言技能和学科知识，使学生不仅在语言水平上得到提升，同时也具备更广泛的学科视野和应用能力。这一方法旨在促使学生跨足多学科领域，培养其对不同学科的理解和综合运用。

其次，内容型教学通过将语言技能和学科知识相互贯穿，使学生能够更深入地理解和运用学科领域的知识。在阅读课程中，选择涉及不同学科领域的文章，激发学生对多学科交叉的兴趣。这种选材策略旨在让学生通过英语学习更全面地了解其他学科的内容，从而拓宽视野，培养对不同学科的兴趣和理解。

再次，内容型教学通过设计具体的任务，使学生在语言运用的同时能够运用学科知识解决问题。例如，在写作任务中，学生可能需要选择一个与他们专业相关的主题，并结合专业知识进行深入探讨。这样的任务设计旨在让学生不仅仅学习语言技能，同时能够在实际应用中将专业知识融入语言运用中，提高他们的学科素养。

最后，内容型教学通过激发学生的兴趣，培养其对跨学科学习的主动性。在学习过程中，教师可以引导学生选择感兴趣的学科领域，从而激发他们的学习兴趣。通过将兴趣和学科知识相结合，学生更有可能保持学习的积极性，从而更好地培养跨学科能力。

2. 课程内容与教学方法的协调

（1）考虑学科知识与语言技能的关系

内容型教学法强调在大学英语中培养学生的跨学科能力，通过整合语言技能和学科知识，使学生在语言水平提升的同时具备更广泛的学科视野和应用能力。这种方法的核心是将语言技能与学科知识相互结合，使学生能够在不同学科领域中运用英语进行深入学习和表达。

教师在设计课程内容时需要仔细考虑学科知识与语言技能的关系。通过深入分析学科知识的结构和要点，教师可以有针对性地选择与之相匹配的语言任务。这确保了学生既能够理解学科内容，又能够通过语言清晰地表达自己。例如，在阅读与讨论环节，选择涉及学科知识的文章，鼓励学生用英语进行深入的学科讨论，从而提高他们在学科领域的表达能力。

内容型教学法通过整合语言技能和学科知识，为学生提供更加实际和有意义的学习体验。学生在学习过程中能够选择与他们感兴趣的学科相关的主体，通过学科任务进行深入研究和英语表达。这种实际的整合使学生更深刻地理解学科知识，同时在语言运用中得到实际训练，为他们未来的学术和职业发展奠定基础。

整合语言技能培养与学科知识提升有助于打破学科之间的壁垒，促进跨学科学习。通过将语言技能运用到不同学科的实际场景中，学生能够更全面地理解和应用所学的知识，进而形成对多学科的整体把握。这有助于培养学生的综合分析和解决问题的能力，为他们未来面对复杂问题提供更为全面的视角。

（2）多样化的教学方法应用

多样化的教学方法在大学英语教学中具有重要的应用。小组合作是其中一种有效的方式，通过将学生分成小组，教师可以促使学生在小组内展开合作式学习。每个小组可以有不同语言水平和学科背景的学生，从而实现学生之间的互补和协作。这种形式使学生能够从彼此的优势中学到更多，促进跨学科的交流与合作。

案例分析是另一种多样化教学方法。通过引入真实或模拟的案例，学生可以在语言运用的同时深入学科领域。例如，在英语写作课程中，引入特定学科的实际案例，要求学生进行分析和讨论，并用英语进行书面表达。这样的教学方法使学生能够在解决实际问题的过程中提高英语表达能力，同时加深对学科知识的理解。

实地考察是多样化教学方法中的一种。通讨实地考察，学生有机会亲身感受和应用学科知识，同时使用英语进行交流。例如，在英语口语课程中，组织学生进行实地考察，要求他们用英语进行场地介绍和讨论。这样的实践性教学方法能够增加学生对学科知识的亲身体验，促使他们更好地运用英语进行交际。

多样化的教学方法还包括项目学习、讨论课等形式。通过项目学习，学生可以参与真实或模拟的项目，锻炼团队协作和解决问题的能力。讨论课则提供了一个学生分享观点、展开辩论的平台，从而激发他们的思维和表达能力。这样的教学形式使学生在实际操作中更好地理解和应用学科知识，培养综合素养。

（3）评估方式的综合运用

大学英语教学的评估方式应该包含传统考试。这种方式通过测试学生对语法、词汇、阅读理解等基础知识的掌握情况，是一种全面、客观的评估方法。考试可以分为听力、阅读、写作和口语等不同环节，以全方位地评估学生的语言能力。这种传统的考试方式能够客观地反映学生对英语基本知识的掌握程度，是评估学生学科知识的一种有效手段。

学科项目报告是一种能够结合语言技能和学科知识的评估方式。通过让学生选择一个与其专业相关的主体，完成项目报告，不仅可以锻炼学生的英语写作能力，还能够深入学科领域。项目报告可以包括文献综述、调查研究、解决问题的方案等，从而全面评价学生对学科知识的理解和应用能力。

口头表达是一种注重学生交际能力和口语表达能力的评估方式。通过组织学生进行口头报告、小组讨论、角色扮演等活动，教师可以全面评估学生的口语表达、逻辑思维和团队协作能力。这种形式不仅考查学生对学科知识的理解，还评估了其在真实交际中运用英语的能力。

论文写作也是一种深度评估学生学科知识和语言表达能力的方式。通过要求学生完成独立的学术论文，教师可以评估学生的独立思考、文献综述、论证能力等。这种方式旨在培养学生在学科领域深度思考的能力，同时要求他们用英语进行清晰、准确地表达。

在综合运用这些评估方式时，需要根据具体的课程目标和学科特点进行合理地搭配和权衡。比如，在项目报告中可以要求学生结合实际情境进行口头陈述，以综合评价其学科知识和语言表达能力。此外，可以考虑采用学科项目策划、团队合作评估等方式，使评估更加贴近实际应用场景。

三、线上线下混合教学方法

（一）大学英语线上线下混合教学的重要价值

1. 能够推动教学方式创新

（1）充分发挥线上与线下优势的融合。

传统教学模式更注重课堂教学，而混合教学能充分利用线上资源，拓展教学内容。这种融合不仅提升了教学效果，还促进了教学方式的创新。

（2）推动教学做一体化向纵深开展

混合教学将线上与线下教学融合，促进了理论与实践的结合。学生在课堂上学到的知识可以通过线上资源得到进一步的巩固与拓展，使教学更加全面。

（3）调动学生学习积极性

通过线上资源，学生可以随时随地学习，提高了学习的便捷性与灵活性。这种灵活性能够调动学生学习的积极性，让他们更愿意投入到学习中来，从而提高学习效率。

2. 能够促进教学模式优化

（1）持续优化大学英语教学模式

混合教学不断引入新技术，促进了教学模式的不断优化。教师可以通过各种教育平台开展教学活动，同时也能够根据学生的反馈及时调整教学内容和方式，提高了教学的针对性和适应性。

（2）科学设计教学内容与形式

教师可以根据线上资源的特点，科学设计教学内容与形式，丰富教学手段。这样既能够激发学生的学习兴趣，又能够提高教学的吸引力和有效性。

（3）建立闭环式教学系统

教师可以利用线上线下混合教学模式建立从教学到评价的闭环系统。通过线上平台收集学生学习情况和反馈，及时调整教学策略，实现教学过程的闭环管理，提高了教学的科学性和系统性。

3. 能够发挥学生主体作用

（1）充分利用各类资源进行实践

学生可以利用线上资源进行实践活动，充分发挥自主学习的主体作用。通过线上线下混合教学，学生可以在实践中探索、体验，提高了学习的参与度和积极性。

（2）促进学生交流与互动

在线上资源的支持下，学生之间可以进行更加广泛和深入地交流与互动。这种交流与互动不仅促进了学生之间的合作与共同进步，还丰富了学习的内容与方式，提高了学习的效果。

（3）创造良好学习环境

教师通过线上资源的应用，可以为学生创造良好的学习环境。学生可以根据自己的学习需求和兴趣，在不同的时间和地点进行学习，提高了学习的自主性和灵活性。

（二）大学英语线上线下混合教学存在的问题

随着高校教育改革的不断深化，特别是在专业建设与课程改革加速实施的新形势下，只有适应时代要求，大力推动大学英语教学改革，才能使其实现更大突破。作为一种科学且具有融合性、互动性特点的教学方法，线上线下混合教学在大学英语教学中的应用日益广泛，很多教师也对此进行了深入研究和实践探索，但按照较高标准进行分析，个别教师在应用线上线下混合教学方法方面仍然存在一些问题，制约了线上线下混合教学有效性，需要认真改进。

1. 线上线下混合教学资源开发薄弱

（1）资源开发不足

大学英语教师尚未充分认识到线上线下混合教学的重要性，因此在资源开发方面投入不足。缺乏对混合教学的"学习革命"意识，导致课程设计和资源开发不够到位，无法满足学生的需求。

（2）建、用、学、管理机制不完善

教师在线上线下混合教学的建设、使用、学习和管理方面存在缺失。缺乏完善的机制和规范，导致教学活动的组织和管理不够有效，资源的利用效率低下。

（3）精品课程匮乏

虽然教师制作了一定数量的多媒体 PPT 和微课，但缺乏"精品意识"，导致精品课程相对较少。这种情况下，教学资源的质量和深度难以达到应有的水平，影响了教学效果。

（4）资源开发能力不强

教师在线上线下混合教学资源开发方面的能力相对薄弱，缺乏系统性和创新性。由于技术和理念的滞后，无法充分挖掘线上线下混合教学的潜力，资源开发能力受到限制。

2. 线上线下混合教学平台不够多元

（1）缺乏平台综合应用意识

部分大学英语教师未意识到多元化平台对线上线下混合教学的重要性，导致平台综合应用不足。他们可能仅仅将线上线下教学简单地视为课堂教学的延伸，而忽视了多元化平台对于教学效果的积极影响。

（2）未与慕课有效结合

有些教师尚未将线上线下混合教学与慕课平台有效结合起来。慕课平台作为一种开放式的教学资源，可以为学生提供更加灵活的学习途径，但由于教师未能充分利用，导致教学方式单一，学生的自主学习能力得不到充分发挥。

（3）智慧课堂建设不足

一些教师在组织实施线上线下混合教学的过程中，未能将新兴的技术手段如大数据技术、云计算技术等应用于智慧课堂的建设中。这导致教学效果受到限制，学生的参与度和学习体验未能得到有效提升。

3. 线上线下混合教学内容缺乏拓展

（1）教学内容依赖教材

一些教师将教学内容局限于教材内容，缺乏对其他资源的深入挖掘和利用。虽然教材是教学的基础，但过度依赖教材会导致学生的学习体验单一，无法激发其学习的兴趣和动力。

（2）缺乏多样化教学平台

在引导学生自主学习和合作探究方面，一些教师未能充分利用多样化的教学平台。例如，缺乏多媒体PPT（微软图文演示）结合远程教育、微课结合探究式学习、慕课结合对分课堂等多元化的教学模式，限制了学生的学习体验和能力培养。

（3）缺乏跨文化教育和思政教育

在大学英语教学中，跨文化意识和思想政治教育同样重要，但一些教师未能将线上线下混合教学与这些方面有效结合起来。缺乏对跨文化意识和思想政治教育的重视，导致学生在这方面的培养不足。

4. 线上线下混合教学体系不够完善

（1）教学方法缺乏创新

尽管许多教师熟悉线上线下混合教学，但在教学方法上缺乏创新。一些教师仍然依赖传统的讲授式教学，而忽视了小组合作学习、探究式学习、对分课堂等创新教学方法的应用，导致教学效果受到限制。

（2）缺乏紧密对接的教学体系

在构建教学体系方面，一些教师未能实现课前、课上、课后的紧密对接和深度融合。缺乏完善的教学体系，学生的学习体验和学习效果无法得到有效提升，教师的教学效果和服务水平也无法得到有效衡量和改进。

（3）学生主观能动性不足

教师未能有效调动学生的主观能动性，导致学生在学习过程中缺乏积极性和主动性。缺乏有效的互动和参与机制，学生的学习效果和学习体验无法得到充分发挥和提升。

（三）大学英语线上线下混合教学方法的优化策略

在开展线上线下混合教学时，充分丰富的教学资源至关重要。学校和英语教师应将资源开发作为重要工作，不仅要整合各类教学资源，还要积极开发线上的"精品课程"和"高端课程"。教师应利用 UMOOCs（中国高校外语慕课平台）等平台收集和共享资源，并注重共建共享，使教学资源更加丰富。此外，还应积极组织教师共同开发教学资源，借助大数据技术进行管理和统一管理。

1. 积极打造线上线下混合教学平台

为实现大学英语线上线下混合教学的更大突破，教师需要积极构建多元化、系统化的教学平台。在当前高校教育改革的背景下，加强线上线下混合教学平台建设是提高教学效果、促进学生学习的关键之一。除了加强传统的"智慧课堂"建设，更需要教师充分利用校园网和微信公众号等现有网络平台，将线上线下教学资源有机地整合和应用于教学实践中。通过微信公众号等社交媒体，教师可以为学生提供课程信息、教学资料，并与学生进行及时互动和反馈，促进教学内容的有效传递和学生学习的主动参与。

尤其值得重视的是，在新冠疫情期间，远程教育平台的建设显得尤为重要。教师应深入研究远程教育技术和教学方法，积极探索利用各类在线学习平台进行教学，如慕课平台、视频会议工具等。通过远程教育平台，可以实现课程的异地同步教学和学生间的在线交流互动，有效应对疫情等突发情况对教学带来的挑战。同时，远程教育还能拓展学生的学习空间，提供更加灵活的学习方式，促进学生的个性化学习和自主发展。

2. 持续丰富线上线下混合教学内容

为实现更大突破，教师应持续丰富线上线下混合教学内容，以满足学生不断增长的学习需求和社会发展的要求。在大学英语教学中，教师应不断强化教学内容的拓展性和融合性，使之涵盖政治、经济、文化等多个领域的知识，从而促进学生综合素质的全面提升。通过将跨学科知识融入英语教学，可以帮助学生更好地理解和运用英语，拓展他们的认知广度和深度，培养他们的跨学科思维能力和综合分析能力。

在丰富教学内容的同时，教师还应积极促进学生与外国学生、国外学生的交流互动，特别是加强学生的口语交流能力。通过线上线下混合教学平台，可以为学生创造更多与外国学生互动的机会，例如组织线上语言交流活动、跨国合作项目等。这种交流互动不仅有助于学生提高英语口语表达能力，还能增进他们对不同文化的理解和尊重，培养跨文化交际能力和国际视野。

此外，教师还应结合学生的兴趣爱好和实际需求，设计丰富多彩的教学内容，如英语影视欣赏、英语歌曲欣赏、文学作品阅读等。通过这些有趣而生动的教学内容，可以激发学生学习英语的兴趣和动力，提高他们的学习积极性和参与度，从而达到更好的教学效果。

3. 不断完善线上线下混合教学体系

不断完善线上线下混合教学体系是提高大学英语教学效果和质量的核心任务之一。构建健全的混合教学体系涉及多方面，包括资源体系、课程体系和教学方法体系等方面的建设。

首先，针对资源体系的建设，教师应加强线上线下混合教学资源的整合和利用。这包括收集和整理各类教学资源，如多媒体课件、网络课程、教学视频等，并加以合理组织和管理。同时，教师还应鼓励学生利用线上资源进行自主学习和探究，拓展他们的学习渠道和途径。

其次，课程体系的建设也至关重要。教师应根据学科特点和学生需求，设计并优化线上线下混合教学课程体系，确保教学内容的科学性、系统性和针对性。课程设置应注重培养学生的语言技能、文化意识和跨文化交际能力，同时兼顾学科知识的传授和实践能力的培养。

教学方法体系的构建也是完善混合教学体系的重要组成部分。教师应探索和应用多种教学方法，如小组合作学习、探究式学习、项目化教学等，以满足不同学生的学习需求和学习风格。通过多样化的教学方法，可以激发学生的学习兴趣和参与度，提高他们的学习效果和学习体验。

除此之外，教师还应引导学生积极参与线上线下混合教学活动，培养他们的综合能力和创新能力。通过组织学生参与各类实践项目、学术研讨会和社会实践活动，可以帮助学生将所学知识与实际问题相结合，提升他们的问题解决能力和创新思维能力。

4. 科学开展线上线下混合教学评价

科学开展线上线下混合教学评价是确保教学效果和质量的重要环节。在建立评价机制时，应该综合考虑多个因素，包括学习效果、学习过程和学习态度等，以全面评估学生的学习情况和教学效果。评价方法既要定量又要定性相结合，以确保评价的全面性和准确性。

首先，对于学习效果的评价，可以采用定量的方式进行。这包括对学生在课程中所掌握的知识和技能进行量化评估，如考试成绩、作业完成情况等。同时，还可以利用标准化测试工具或问卷调查等方法，对学生的语言水平、听说读写能力等进行客观评价，以便更好地了解他们的学习情况。

其次，对于学习过程的评价，应该采用定性的方式进行。这包括对学生的学习活动和参与情况进行观察和记录，如课堂表现、小组讨论、项目完成情况等。通过观察和记录学生的学习过程，可以及时发现问题和困难，并及时进行调整和指导，以提高教学效果。

还应该考虑学生的学习态度和参与度。这包括对学生的学习态度、学习动机和学习态度进行调查和评估，以了解他们对课程的兴趣和投入程度。通过评价学生的学习态度和参与度，可以更好地指导教学实践，激发学生的学习热情，提高他们的学习效果。

第二节　口语教学策略

一、促进学生口语表达的策略

（一）鼓励学生参与课堂互动

1. 积极引导小组讨论

首先，小组讨论在大学英语教学中的背景。

大学英语教学旨在培养学生的语言综合能力，其中口语表达和团队协作是重要的组成部分。小组讨论作为一种有效的教学方法，能够促进学生在语言运用和团队协作方面的全面发展。

其次，积极引导小组讨论的方法。

明确目标：在引导小组讨论之前，教师需要明确讨论的目标和预期成果。这可以包括语言表达的准确性、逻辑性，以及团队协作的效果等。

组建小组：根据学生的语言水平、兴趣爱好等因素，巧妙地组建小组。在小组中要求学生相互合作，确保每个小组都有足够的多样性。

设定话题：选择具有一定难度和深度的话题，既能引发学生的兴趣，又能促使他们展开深入的讨论。话题可以涵盖文学、社会、文化等多个领域，以丰富学生的知识面。

引导讨论：教师在讨论过程中充当引导者的角色，通过提问、点拨，引导学生更深入地思考问题，激发他们的思维深度和语言表达能力。

鼓励参与：在小组讨论中，鼓励每位学生都积极参与。这可以通过给予肯定性地反馈、设定小组内部角色和任务等方式实现。

接着，小组讨论的实施步骤。

开场热身：在开始正式的讨论之前，进行一些开场热身活动，帮助学生放松心情，迅速进入讨论状态。

主题讨论：学生在小组中展开主题讨论，交流彼此的看法和观点。教师在一旁进行观察和指导，确保讨论的深度和广度。

总结归纳：讨论结束后，进行总结和归纳，强调重要观点和语言表达方式。这有助于学生对讨论过程的反思，并提升他们的语言分析能力。

再次，小组讨论的优势与挑战。

优势：小组讨论能够激发学生的学习兴趣，提高口语表达水平，培养团队协作和沟通能力。学生通过与同伴交流，更容易理解和接受新的知识。

挑战：一些学生可能在团队合作中遇到沟通障碍，或者不愿意表达个人观点。教师需要有针对性地解决这些问题，保证每位学生都能够充分参与。

最后，小组讨论在大学英语教学中的意义。

小组讨论不仅仅是一种教学方法，更是一种促使学生思考、交流、合作的学习体验。通过积极引导小组讨论，教师能够为学生创造一个更具活力、更具参与性的学习环境，推动他们在语言学习中不断成长。

2. 角色扮演和即兴演讲

首先，角色扮演和即兴演讲在大学英语教学中的背景。

在大学英语教学中，提高学生的口语表达能力是一个重要目标。而角色扮演和即兴演讲作为一种活动形式，为学生提供了锻炼口语的机会，不仅培养了他们的语言灵活运用能力，还激发了表达欲望。

其次，设计角色扮演和即兴演讲的方法。

明确目的：在设计活动之前，教师需要明确角色扮演和即兴演讲的具体目的。目的是提高语言流利度，还是为了锻炼学生的逻辑思维和应变能力。

选择主题：选择与学生年龄、兴趣相关的主题，确保学生能够在活动中找到共鸣，并更容易展开表达。

分组进行：将学生分组进行角色扮演或即兴演讲，鼓励他们在小组中进行交流和合作。这有助于培养团队协作精神。

提供素材：对于角色扮演，可以提供一些与主题相关的素材，帮助学生更好地理解和入戏。对于即兴演讲，可以提前给予一些话题提示，让学生有一些思考的时间。

设置反馈环节：活动结束后，设置反馈环节，通过同伴评价或教师点评，让学生了解自己的表现，发现不足之处，并在反馈中进一步提高。

接着，角色扮演和即兴演讲的实施步骤。

角色扮演的步骤包括以下几点。

分组确定角色：将学生分组，并为每个小组分配一个具体的角色或情境。可以是日常生活场景、历史人物、虚构故事等。

准备素材：提供相关素材，帮助学生更好地理解角色的特点和情境。

角色扮演：学生在小组内进行角色扮演，展示他们理解和表达的能力。

同伴评价：其他小组成员对每个小组的表现进行评价，分享观点和建议。

即兴演讲的步骤包括以下几点。

话题选择：提供话题或让学生自行选择演讲的话题，确保与课程内容或学生兴趣相关。

演讲准备：给予学生一定的准备时间，让他们构思演讲内容，并提供必要的辅助材料。

即兴演讲：学生进行即兴演讲，表达个人观点、分析问题或分享经验。

反馈和讨论：同伴或教师提供反馈，并在课堂上进行讨论，分享不同学生的观点。

再次，角色扮演和即兴演讲的优势与挑战。

优势：这种活动形式能够激发学生的兴趣，提高他们的语言表达能力、沟通技巧和自信心。同时，通过扮演和演讲，学生更容易理解和应用语言知识。

挑战：一些学生可能对于在公共场合表达感到紧张，因此需要在活动设计中考虑如何降低学生的焦虑感。同时，确保活动的目标明确，避免流于形式。

（二）设计实际情境对话任务

1. 模拟真实商务谈判

首先，模拟真实商务谈判在大学英语教学中的背景。

在大学英语教学中，为学生提供商务英语的实际应用场景非常重要。通过模拟真实的商务谈判，学生能够在模拟中体验真实的商务交流，锻炼专业用语和沟通技巧，为将来步入职场做好准备。

其次，设计模拟真实商务谈判的方法。

明确目标：教师首先需要明确模拟商务谈判的目标，是让学生熟悉商务用语，还是提高他们的谈判技巧和沟通能力。

选择场景：选择与商务相关的场景，例如合同谈判、项目洽谈、供应链管理等，确保场景贴近实际职场情境。

角色分配：将学生分组，每个小组分配不同的商务角色，例如买方、卖方、中介等。学生在组内商定自己的立场和目标。

准备材料：提供相关的商务文件和信息，让学生在谈判前能够做好充分的准备。这包括了解对方的需求、商业背景等。

进行模拟：学生在模拟商务谈判中发挥各自的角色，进行真实场景的对话。教师可以充当观察者，记录学生的表现。

反馈和讨论：模拟结束后，进行反馈和讨论。学生可以分享他们的体验，教师提供专业建议，全班共同总结经验。

接着，模拟真实商务谈判的实施步骤。

明确商务场景：选择一个具体的商务场景，例如跨国公司谈判合作协议。

角色分配：将学生分为不同的角色，包括公司高管、法务代表、销售经理等。每个角色有特定的任务和目标。

准备文件：提供相关商务文件，如合同草案、市场调研报告等，让学生在谈判前了解必要的信息。

模拟商务谈判：学生按照各自的角色进行模拟商务谈判，注重使用专业用语和表达礼仪。

观察记录：教师在模拟过程中观察学生的表现，记录沟通技巧、专业用语的运用等方面的情况。

反馈和讨论：模拟结束后，进行反馈和讨论。教师可以指出学生在谈判中做得好的地方，提出改进的建议。

2.旅游咨询实战演练

首先，旅游咨询实战演练在大学英语教学中的背景。

随着全球旅游业的不断发展，培养学生在旅游咨询中运用英语的能力变得愈发重要。旅游咨询实战演练是一种让学生在模拟真实旅游咨询场景中进行口语实践的有效方式。

其次，设计旅游咨询实战演练的方法。

确定场景：选择具体的旅游咨询场景，例如学生作为旅行顾问向客户提供旅游建议。

分组设置：将学生分组，每个小组包含旅游顾问和客户两个角色，确保每个学生都有机会扮演不同的角色。

准备材料：提供相关的旅游资料，包括地图、旅游目的地介绍、住宿信息等，以便学生更好地进行咨询。

制定任务：设计明确的任务，例如规定客户的旅行需求和预算，让学生在咨询中能够有目的性地提供信息。

模拟咨询：学生在小组内进行模拟旅游咨询对话，旅游顾问需要灵活运用语言技能回答客户的问题，并提供专业建议。

同伴评价：模拟结束后，进行同伴评价，学生可以互相分享经验，提供建议，并进行讨论。

接着，旅游咨询实战演练的实施步骤。

场景选择：选择一个典型的旅游咨询场景，例如客户想要制定一个欧洲自由行计划。

角色分配：将学生分成旅游顾问和客户两组，确保每组都有机会扮演两个不同的角色。

准备资料：提供相关资料，包括欧洲各国的旅游信息、交通方式、住宿选择等，以便学生在咨询中使用。

设定任务：规定客户的需求，例如时间、预算、兴趣爱好等，为旅游顾问提供指导，确保对话有重点。

模拟咨询：学生开始进行模拟旅游咨询对话，旅游顾问需要根据客户的需求提供相关信息，并在对话中展现专业素养。

同伴评价和讨论：模拟结束后，学生进行同伴评价，分享在对话中的体验，教师也可以就整体表现进行点评和指导。

再次，旅游咨询实战演练的优势与挑战。

优势：学生通过实际操作提高了在旅游咨询中的沟通技巧，培养了解决实际问题的能力。模拟场景让学生更好地理解专业术语，并熟悉行业实践。

挑战：部分学生可能缺乏实际旅游经验，对于一些实际问题的回答可能较为理论化。需要确保模拟场景的设计符合学生的语言水平，避免造成过大的挑战。

（三）提供即时反馈

1. 针对发音和语法的即时指导

首先，即时指导在大学英语口语教学中的背景。

在英语口语教学中，及时地指导对于学生的语言发展至关重要。特别是在发音和语法方面，及时地纠正有助于学生避免形成错误习惯，提高口语表达的准确性和流利度。

其次，设计针对发音和语法的即时指导的方法。

录音分析：使用录音设备记录学生的口语表达，教师可以通过回放分析学生的发音和语法错误。这有助于更准确地捕捉问题，并提供有针对性的指导。

实时反馈：在学生口语表达的过程中，教师可以及时给予反馈。这可以通过口头提醒、标注错误，甚至是实时纠正发音等方式进行。

小组互动：将学生分成小组，在小组中进行口语练习。教师可以在小组活动中巡视，给予每个小组的及时指导，促进学生之间的相互学习。

个性化反馈：针对每个学生的具体问题，提供个性化的反馈。这可以包括对于特定语音或语法规则的强调，帮助学生有针对性地改进。

接着，针对发音和语法的即时指导的实施步骤。

录音设备准备：教师准备好录音设备，确保可以准确记录学生的口语表达。

学生口语练习：学生进行口语练习，可以是对话、演讲或小组讨论等形式。

教师反馈：教师在学生表达过程中，根据录音或实时观察，给予即时反馈。这包括发音准确性、语法错误等方面的指导。

学生修正：学生根据教师的反馈进行即时修正。教师可以在学生修正的过程中提供额外的解释和指导。

小组分享：学生可以在小组中分享他们的反馈和修正经验，相互学习。

反思总结：教师和学生共同进行口语表达的反思总结，强调需要注意的发音和语法问题，并制定改进计划。

再次，针对发音和语法的即时指导的优势与挑战。

优势：及时纠正错误，学生在错误形成习惯之前得到及时纠正，有助于防止错误固化。个性化指导，可以根据每个学生的具体问题提供个性化的指导，更有效地促进进步。实时反馈，学生在口语表达过程中能够立即了解到自己的问题，更有针对性地进行修正。

挑战：时间压力，在口语表达过程中提供即时指导可能受到时间压力的限制，需要教师在有限时间内高效指导。学生接受度，有些学生可能对即时指导感到紧张或抵触，因此需要教师在给予反馈时采用鼓励性语言，提高学生接受指导的积极性。

2. 鼓励同学间互相反馈

首先，同学间互相反馈在大学英语口语教学中的背景。

在英语口语教学中，学生间互相反馈是一种促使学生更主动、更深入地参与口语练习的方法。通过建立互相反馈的氛围，学生不仅能够从他人的观点中获得启示，还能够更有针对性地改进自己的口语表达。

其次，设计鼓励同学间互相反馈的方法。

明确评价标准：在口语练习之前，教师可以明确口语表达的评价标准，包括发音准确性、语法运用、词汇丰富度等。这有助于同学们更具体地进行反馈。

小组合作：将学生分成小组，在小组内进行口语练习。每位学生都有机会发言，其他小组成员可以在发言结束后提供反馈。

指导性问题：教师可以提供一些指导性的问题，引导同学们对口语表达进行深入思考。例如，"你觉得对方的发音有哪些亮点？有哪些可以改进的地方？"

定期评估：设定口语表达的定期评估时间，让同学们有机会全面审视自己的口语表达水平。这也有助于培养他们的自我监控意识。

接着，鼓励同学间互相反馈的实施步骤。

明确评价标准：教师在课程开始时明确口语表达的评价标准，并向学生解释评价的目的是帮助大家共同进步。

小组合作：将学生分成小组，每个小组有一个指定的时间进行口语练习。在练习结束后，成员之间进行互相反馈。

指导性问题：教师在口语练习前给出一些指导性的问题，例如关于发音、语法或流利度的问题，引导学生在反馈中更有针对性。

同学间合作：学生之间进行合作，鼓励彼此之间提供建设性的反馈。这有助于建立积极的学习氛围。

定期评估：设定口语表达的定期评估时间，学生可以在这个时间里对自己的表现进行全面的评估，并接受同学的反馈。

再次，鼓励同学间互相反馈的优势与挑战。

优势：促进学生互动，学生通过互相反馈更积极地参与口语练习，增强了课堂的互动性。多元视角，不同同学可能有不同的看法和观点，通过互相反馈，学生可以接触到多元的语言学习视角。自我监控，学生通过反馈了解自己的不足，培养了自我监控和自我修正的能力。

挑战：建立文化，有些学生可能对于向同龄人提供反馈感到陌生，需要时间建立一种相互尊重的文化。反馈质量，学生在提供反馈时可能不够具体，或者过于主观。教师需要引导学生提供具体、客观地反馈。

二、实践中有效的口语教学案例

（一）实际情景模拟

1. 商务会议情景模拟

在商务英语课程中，教师可以设计商务会议的情景模拟。学生被分为不同的角色，包括主持人、销售经理、客户代表等。通过模拟商务谈判和讨论，学生需要运用专业用语、礼仪和沟通技巧，提高在商务场景中的口语表达能力。

2. 社交场合模拟

在社交英语教学中，可以模拟各种社交场合，如派对、聚餐等。学生在不同角色中进行对话，学习礼仪用语、问候语等。这种案例教学能够帮助学生更好地适应日常社交场合，提高口语的地道性和流利度。

（二）角色扮演

1. 职业面试角色扮演

在职业英语课程中，教师可以设计职业面试的角色扮演。学生分别扮演求职者和面试官，进行模拟面试。通过这样的案例教学，学生不仅能够提高口语表达水平，还能够培养面试和求职过程中的语言技能。

2.旅游咨询角色扮演

设计旅游咨询的角色扮演，学生可以扮演导游和游客，在模拟的旅游咨询对话中提高口语能力。这种案例教学不仅使学生熟悉旅游用语，还培养了他们在实际情境中运用口语的信心。

三、口语教学与文化交流的结合

（一）跨文化口语任务

1.文化差异讨论

设计口语任务，让学生讨论不同文化之间的差异，如礼仪、价值观等。通过交流和讨论，学生能够更深入地理解不同文化的口语表达方式，提高他们的跨文化沟通能力。

2.虚拟文化交流

借助虚拟平台，组织学生进行虚拟文化交流。与海外学生或其他国家的语言学习者进行在线对话，通过共享文化经验和语言实践，拓宽学生的视野，增进他们的跨文化沟通技能。

（二）文化体验活动

1.参观博物馆

安排口语任务，要求学生在博物馆参观时进行口语交流。通过描述展品、分享感受，学生能够在真实的文化环境中练习口语表达，同时增进对文化的理解。

2.观赏文化演出

组织学生观赏文化演出，如戏剧、音乐会等。安排口语任务，要求学生在观演后进行口语评论和讨论。这样的文化体验活动既提升了口语能力，又加深了学生对文化的感知。

第三节 阅读教学策略

一、提高学生阅读理解能力的方法

（一）选择适当难度的阅读材料

1.适度挑战激发学习兴趣

教师在选择阅读材料时应确保材料的难度适中，既能激发学生的学习兴趣，又不至于过于艰深难懂。适度挑战能够促使学生更主动地参与阅读，提高他们对阅读任务的投入度。

2. 渐进式难度设置

采用渐进式的难度设置，从简单到复杂、由浅入深，帮助学生逐步提升阅读水平。逐渐增加语法难度、词汇量和句子结构，使学生在挑战中取得阅读理解的成功体验。

（二）进行前置知识引导

1. 导入相关背景知识

在阅读前进行相关背景知识的引导，包括文本所涉及的主题、文化背景等。通过导入相关信息，帮助学生建立对文本内容的初步认知，为深入阅读打下基础。

2. 词汇预热

在阅读任务前对生词进行预热，通过词汇解释、例句呈现等方式帮助学生理解关键词汇。这有助于提高学生对文本的整体理解，减轻因生词而产生的理解阻碍。

（三）培养快速阅读技能

培养学生扫读、略读和跳读的技能，使其能够快速获取文本中的重要信息。通过训练，提高学生在限定时间内快速理解文本的能力，适应大量阅读任务的学术要求。

1. 培养快速阅读技能在大学英语阅读教学中的背景

在大学英语学科中，阅读是一项基本技能，而快速阅读则是在信息爆炸的时代尤为重要。培养学生快速阅读技能不仅有助于他们更高效地获取知识，还能提高应对大量阅读任务的能力。

2. 设计培养快速阅读技能的方法

（1）确定阅读目标

在进行快速阅读训练之前，明确阅读的目标，例如了解主要观点、获取关键信息或解答特定问题。

（2）扫读练习

给定一篇较长的文章，要求学生迅速浏览全文，抓住主题句和段落开头，形成对文章结构和内容的初步认识。

（3）略读练习

针对特定段落或章节，要求学生在短时间内获取文章的主要思想，强调快速理解关键信息。

（4）跳读练习

给学生提供一些问题，要求他们在文章中找到相关答案，强调快速定位信息的能力。

（5）时间管理

对学生进行时间管理的培训，教导他们在限定时间内完成阅读任务，提高效率。

3. 培养快速阅读技能的实施步骤

（1）设定阅读任务

教师明确每次训练的阅读任务，例如整体了解文章内容、寻找特定信息等。

（2）扫读练习

提供一篇文章，要求学生在短时间内扫读全文，理解文章的大致主题和结构。

（3）略读练习

选定文章中的一个段落或章节，要求学生在有限时间内了解主要观点和信息，强调快速理解重要内容。

（4）跳读练习

提供一些问题，学生需要在文章中迅速找到答案，培养快速定位信息的能力。

（5）集体讨论

学生完成练习后，进行集体讨论，分享各自的阅读策略和发现。教师可以提供反馈和建议。

（6）反馈与改进

教师根据学生的表现提供反馈，强调有效的阅读策略，并帮助学生改进不足之处。

4. 培养快速阅读技能的优势与挑战

（1）优势

提高效率：学生通过培养快速阅读技能，能够更高效地获取信息，适应大量阅读任务的要求。

加深理解：快速阅读不仅注重速度，也有助于培养学生提炼关键信息、把握文章主旨的能力，加深对文本的理解。

应对考试：快速阅读技能对于应对考试，特别是时间受限的考试，具有显著的优势。

（2）挑战

深度理解难度：在追求速度的同时，学生可能面临深度理解的挑战，需要平衡速度与理解的关系。

习惯养成：培养快速阅读技能需要一定时间，而学生可能需要一定的时间适应新的学习方式。在培养习惯的过程中，可能会遇到一些学生抵触或感到不适应的情况。

二、针对不同类型文本的教学策略

（一）学术论文的教学策略

1. 逐段深度阅读

教师可采用逐段深度阅读的策略，引导学生仔细阅读学术论文，理解作者的观点、论证结构以及专业术语的使用。通过深入分析每一段落，学生能够更全面地理解论文的主旨和核心思想。

2. 批判性思维培养

重点培养学生对学术文献的批判性思考能力。教师可以引导学生提出问题、质疑论点，并促使他们形成独立见解。通过讨论和辩论，激发学生对学术文本的深度思考。

3. 专业术语解释

注重解释学科专业术语，帮助学生理解论文中的专业术语和方法论。这有助于学生更好地把握学科内涵，提高他们在阅读学术论文时的理解深度。

（二）新闻报道的教学策略

1. 快速浏览和关键信息捕捉

教师可进行快速浏览和关键信息捕捉的训练，培养学生迅速获取新闻报道核心信息的能力。通过有效的导读技巧，学生能够在短时间内获取新闻的主题、要点和关键信息。

2. 信息处理和理解能力强化

强调新闻报道中信息的处理和理解能力。教师可以设计相关任务，让学生从新闻文本中获取事实、判断事件关联性，并形成对新闻事件的整体理解。这有助于提高学生在信息社会中的综合素养。

（三）阅读教学与批判性思维的培养

1. 提问引导思考

（1）设计引导性问题

在阅读教学中，教师应设计引导性问题，要求学生对所读文本进行深入思考。这些问题旨在引导学生分析、评估和提出自己的见解，而非简单回答。通过这样的设计，激发学生的主动思考和学术好奇心，培养他们对文本的深层理解。

（2）促进多层次思考

问题的设计应该促进多层次的思考，包括事实性的理解、解释性的分析以及评价性的判断。这样有助于学生在阅读过程中逐步培养批判性思维，提高对文本的全面理解。

2. 讨论和写作实践

（1）小组讨论的组织

组织学生进行小组讨论，通过交流和碰撞思想，激发批判性思维。在讨论中，学生可以分享彼此的理解和观点，从而拓宽自己的视野。教师可以适时介入，提出深入的问题，引导学生深度思考。

（2）写作表达批判性思考

鼓励学生通过写作表达对文本的批判性思考。写作是培养批判性思维的有效手段，学生通过将思考整理成文字，不仅能够加深对文本的理解，还能提高表达能力。教师可以给予及时地反馈，帮助学生进一步完善批判性思维的表达方式。

第四节　根据不同教学目标和学生特点灵活运用方法

高校在教学过程中，要做到"以人为本"，既要注重学生的素质，又要注重对学生能力的培养。当前，我国高等院校正在大力推动"课程思政"的建设，努力把"立德树人"的思想贯穿于各项学科的各个环节，以达到培养学生全体、全过程和全方位的培养目的[1]。《大学英语》作为普通高等学校的一门必修课，在中国的普通高等学校有着数量最多的群体，同时也具有"工具"与"人文"的特

---

[1] 戴喆.基于 POA 理论的高职大学英语教学模式研究.浙江交通职业技术学院学报.2021, 22（1）, 43-47.

征。所以，与其他专业学科相比，高校英语教学在教授学生专业技能的同时，也肩负着更重要的德育工作。在英语教学中渗透思政课内容，是构建"大思政"模式的必然要求。

一、"五维素养"育人模式对标全方位育人目标

基于高校教育特点和人才培养目标的考量，英语专业教育需要以多维度的素养培养为目标，从职业素养、认知素养、功能素养、自我素养和社会素养这五个方面全面推进学生的发展。这一理念被归纳为"五维素养"育人模式，并在实践中得到了验证和应用（见图4-1）。

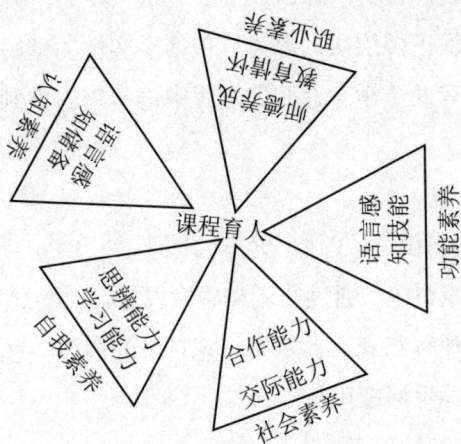

图 4-1　五维素养图

在职业素养方面，英语教育需要培养学生的职业道德、职业素养和职业意识，使其具备良好的职业素养和职业道德规范，能够胜任未来的职业岗位。这不仅包括对英语专业知识和技能的掌握，更需要培养学生的团队合作精神、沟通能力和领导才能，使其能够适应未来职场的挑战。

在认知素养方面，英语教育需要培养学生的批判性思维、创新思维和解决问题的能力，使其具备良好的思维品质和学术素养。这不仅包括对英语语言和文学的理解，更需要培养学生的跨学科思维能力和信息素养，使其能够理解和分析复杂的语言现象和文学作品。

在功能素养方面，英语教育需要培养学生的语言运用能力、信息技术能力和跨文化交际能力，使其能够熟练运用英语进行交流和表达，有效获取和处理信息，并能够在跨文化交流中取得成功。

在自我素养方面，英语教育需要培养学生的自我管理能力、自我认知能力和自我发展能力，使其具备良好的心理素质和自我成长意识，能够主动学习和不断进步。

在社会素养方面，英语教育需要培养学生的社会责任感、公民意识和文化自信，使其具备良好的社会素养和全球视野，能够积极参与社会实践和国际交流，为社会的发展和进步做出积极贡献。

通过"五维素养"育人模式的实践，高校英语教育实现了从传授语言知识技能到培养思维能力、自主学习能力和创新能力的转变，有效地解决了教学中重视形式而忽视内涵、缺乏对课文深度挖掘和缺乏育人职能等问题。这一模式为高校英语教育的改革与发展提供了有益的思路和实践路径。

二、"四大转型"引领全方位语言教学与育人目标深度融合

（一）教学理念创新——"教先于育"转为"育引领教"

在高校英语专业教育中，教学理念的创新是关键的一步。传统上，教育常常被视为一种教师向学生灌输知识和技能的过程，即"教先于育"。然而，随着教育理念的不断发展和教育实践的深入，人们逐渐意识到了教育的本质在于培养学生的全面发展，即"育引领教"。在高校英语专业教育中，我们以育人为本，以培养教师道德为核心，引导教师的专业素质提升为出发点。教育的目的不仅仅是传授知识和技能，更在于培养学生的综合素质和创新能力。因此，我们强调以人为本，注重学生个体的成长和发展，通过构建"五维素养"的课程教学模型，以培养学生的全面素质为目标，为高校英语专业教育的发展提供了重要的指导意义。

1. 以育人为本

以育人为本的教育理念在当代教育领域中占据着重要地位。与传统的"教先于育"理念相比，"育引领教"理念强调教育过程中对学生个体发展的关注和重视。在高校英语专业教育中，这一理念得到了充分体现和实践。

在以育人为本的教学理念中，教师不再仅仅是知识的传授者，更应该成为学生的引路人和启蒙者。教师不仅关注学生的学习成绩，更关注学生的个体成长和发展。因此，教师应该注重培养学生的自主学习能力。通过激发学生的学习兴趣，引导他们积极主动地参与学习过程，教师可以帮助学生建立自主学习的意识和能

力。在高校英语专业教育中，教师可以通过设计开放性的教学任务和项目，鼓励学生展开自主学习和独立思考，从而提高他们的自主学习能力。

除了自主学习能力，创新能力也是以育人为本的教学理念所关注的重点之一。在高校英语专业教育中，教师应该通过多样化的教学方法和活动，激发学生的创新潜能。通过开展课外科研项目、组织学术讨论和参加学术竞赛等活动，教师可以帮助学生培养创新思维和实践能力，提高他们解决问题和应对挑战的能力。

批判性思维也是以育人为本的教学理念所追求的目标之一。在高校英语专业教育中，教师应该注重培养学生的批判性思维能力。通过引导学生分析、评价和批判各种信息和观点，教师可以帮助他们建立批判性思维的意识和能力，提高他们的思维深度和广度。

2. 以"师"为本

在传统的教育理念中，教师常常被视为课堂的主导者和知识的传授者，其角色被强调为至关重要的。然而，随着教育理念的更新和发展，以及对学生个体发展需求的更深入了解，教育界逐渐开始重视以"师"为本的理念。这一理念突出了教师的专业责任感和教育使命，强调了教师在教育过程中的关键作用。

一是，以"师"为本的理念强调培养教师的教育责任感。教师不仅仅是知识的传授者，更是学生成长道路上的引路人和榜样。在高校英语专业教育中，教师应该意识到自己的教育责任，将学生的全面发展置于教学的核心地位。通过精心设计的教学活动和课程设置，教师可以帮助学生发现自己的兴趣和潜能，引导他们积极探索、学习和成长。

二是，以"师"为本的理念注重培养教师的专业素养。教师应该不断提升自己的教育水平和专业能力，积极参与教育改革和教学创新。在高校英语专业教育中，教师可以通过参加学术研讨会、培训班和教学观摩活动，不断拓宽自己的教育视野，提升教学水平。同时，教师还应该注重教学方法和手段的更新，积极探索适合学生发展需求的教学模式和策略。

三是，以"师"为本的理念强调教师对学生成长的支持和指导。教师应该关注学生的个性发展和学习进步，关心他们的学习困惑和生活问题，及时给予帮助和指导。在高校英语专业教育中，教师可以通过个性化辅导和导师制度，建立起与学生之间的良好互动和沟通机制，为他们的学习和生活提供更加全面的支持和指导。

3. 以培养教师道德为本

在高校英语专业教育领域，教师的角色不仅仅是传授知识，更应该承担起榜样和引导者的责任。因此，以培养教师道德为本的理念被提出，并得到了广泛的关注和认同。这一理念强调教师应当具备良好的职业道德修养和教育责任感，通过自身的言行举止来影响和引导学生，为他们的成长和发展提供良好的示范和引导。

首先，培养教师道德为本强调了教师的职业道德修养。教师作为教育者，其言行举止对学生具有示范和引导作用。因此，教师应该时刻以身作则，注重自身的道德修养和职业操守，坚守教育的底线和原则。在高校英语专业教育中，教师应该不断提升自己的道德素养，加强对学生的爱心、耐心和责任心，始终以学生的利益为重，为学生的发展提供积极的指导和帮助。

其次，培养教师道德为本注重了教师的教育责任感。教师应该认识到自己肩负着重大的教育使命，要以高度的责任感和使命感对待教育工作。在高校英语专业教育中，教师应该不仅仅是知识的传授者，更应该是学生的引路人和榜样。他们应该积极关心学生的成长和发展，注重培养学生的品德修养和人文素养，引导他们树立正确的人生观和价值观，助力他们成为德智体美全面发展的社会主义建设者和接班人。

最后，培养教师道德为本强调了教师的教育理念和实践。教师应该树立正确的教育理念，坚持以人为本、全面发展的教育思想，注重培养学生的综合素质和创新精神。在高校英语专业教育中，教师应该不断探索和实践适合学生发展需求的教学方法和策略，引导学生积极参与学习过程，激发他们的学习兴趣和学习动力，助力他们实现个体潜能的最大化。

（二）教学模式创新——"层级型"转为"融合型"

在传统的高校英语教学中，往往采用层级型的教学模式，即以教师为中心，学生为被动接受者，教学内容和方法单一，缺乏灵活性和多样性。然而，随着教育理念的更新和教学技术的发展，我们开始尝试将教学模式从层级型转变为融合型。融合型教学模式注重教师与学生之间的互动与合作，将多种教学资源和方法整合在一起，以促进学生的综合素质发展和个性化学习。

1. 教师与学生的主体关系

在传统的层级型教学模式中，教师通常扮演着知识传授者的角色，而学生则被动接受知识。然而，在融合型教学模式中，教师与学生的关系更加平等和互动。教师不仅仅是知识的传授者，更是学生的引导者和合作伙伴，与学生共同探讨问题、解决困难，激发学生的学习兴趣和创造力。

2. 教学时空的整合

融合型教学模式将传统的教室教学与线上教学相结合，打破了时间和空间的限制。教师可以通过网络平台发布教学资源和作业，学生可以随时随地进行学习和交流。同时，利用现代教育技术如视频会议、在线讨论等，可以实现教师与学生之间的实时互动，提高教学效率和质量。

3. 课程资源的整合

融合型教学模式将多种教学资源整合在一起，包括教材、多媒体课件、网络资源等。教师可以根据学生的学习需求和兴趣，选择合适的教学资源，设计多样化的教学活动和任务，激发学生的学习兴趣和积极性。同时，学生也可以通过自主学习和合作学习，充分利用各种教学资源，提高学习效果和自主学习能力。

4. 教学评价的整合

融合型教学模式注重教学评价的多元化和全面化。除了传统的笔试和口试外，还可以采用作业评价、项目评价、同行评价等多种评价方式，全面了解学生的学习情况和能力水平。同时，利用现代教育技术如智能评估系统、数据分析工具等，可以实现教学评价的自动化和个性化，为教学改进和学生指导提供更多的信息和支持。

（三）实践模式创新——"互动型"转为"联动型"

在高校英语专业教育中，传统的实践模式往往以"互动型"为主，即师生之间的互动主要发生在课堂上或实习中。然而，随着信息技术的普及和教育理念的更新，我们开始尝试将实践模式从"互动型"转变为"联动型"。这种转变强调学校、企业和社会资源的整合，通过建立多层次、多样化的合作机制，实现师生、校企、产教等各方的联动，促进学生的实践能力和职业素养的全面提升。

1. 师生联动

传统的师生互动主要局限在课堂教学和实习指导中，师生之间的交流较为有限。而在联动型实践模式下，师生之间的联系更加紧密和频繁。教师不仅是知识的传授者，更是学生的导师和合作伙伴，与学生共同参与项目研究、实践活动、竞赛比赛等，激发学生的创新潜能和实践能力。

2. 校企联动

联动型实践模式注重学校与企业之间的合作与交流，充分利用企业资源和社会资源，为学生提供更广阔的实践平台和就业机会。学校与企业可以共同开展项目研究、技术开发、创新创业等活动，为学生提供更多的实践机会和实践支持，促进学生的就业能力和职业发展。

3. 产教联动

联动型实践模式强调学校、产业界和教育界之间的合作与交流，建立产教合作机制和平台，共同推动人才培养和科研成果转化。学校可以与行业协会、企业团体等建立合作关系，共同开展人才培养项目、技术研发项目、科研合作项目等，为学生提供更多的实践机会和就业保障，提高学生的竞争力和社会适应能力。

4. 社会联动

联动型实践模式鼓励学校与社会各界之间的合作与互动，共同解决社会问题和促进社会发展。学校可以与政府部门、非营利组织、社会团体等建立合作关系，共同开展社会实践活动、公益项目、社会调研等，为学生提供更多的社会实践机会和社会服务机会，培养学生的社会责任感和公民意识。

（四）实践途径创新——"师生交互"转为"多元化交互"

在传统的高校英语专业教育中，师生之间的交互主要局限于课堂教学和实习指导，师生之间的沟通和互动比较受限。然而，随着信息技术的快速发展和教育理念的更新，我们开始探索将师生交互模式从传统的单一模式转变为多元化交互模式。这种转变强调通过多种渠道和方式展开交流、对话和互动，包括教师与学生、学生之间、学生与社会等各个方面的交流，以实现教育资源的优化配置和教学效果的最大化。

1. 教师与学生的多元化交互

传统的师生交互主要依靠课堂教学和面对面的指导，教师向学生传授知识和技能，学生在教师的指导下进行学习和实践。而在多元化交互模式下，教师与学生之间的交流可以通过多种方式进行，包括在线平台、社交媒体、邮件、电话等。教师可以利用在线平台发布教学资源、答疑解惑，通过社交媒体与学生进行互动和交流，及时了解学生的学习情况和需求，提供个性化的指导和支持。

2. 学生之间的多元化交互

在传统的教学模式中，学生之间的交流主要局限于课堂讨论和小组合作，学生之间的互动比较有限。而在多元化交互模式下，学生可以通过在线平台、社交媒体、论坛等各种渠道进行交流和合作，分享学习资源和经验，共同探讨问题和解决困难。这种多元化的交互模式有助于学生之间的信息共享和学习互助，促进学生的合作能力和创新能力的培养。

3.学生与社会的多元化交互

除了师生之间和学生之间的交流外，学生还应该积极参与与社会各界的交流和合作，拓宽自己的视野和能力。这种多元化的交互模式可以通过社会实践、实习实训、项目合作、竞赛比赛等形式来实现。学生可以参与各种社会实践活动和项目研究，了解社会需求和行业发展趋势，培养社会责任感和创新精神，为未来的就业和职业发展做好准备。

三、"OBE（成果导向教育）理念"助力全程语言教学与育人目标深度融合

（一）POA 理论系统的应用

POA（产出导向法）理论系统是一种面向教育过程的理论模式，它由驱动环节、促进环节和评价环节三个部分组成，旨在引导教学过程的有效展开和学习效果的全面评估。在英语语言教学中，POA 理论系统的应用可以帮助教师更好地实现教育目标与学生个体发展的有效结合。

1.驱动环节

在这一阶段，教师需要明确教学目标并启发学生的学习动机。针对英语语言教学而言，教师可以提出"说什么"与"怎么说"的问题，引导学生明确学习内容和学习方法。通过在线平台和社交媒体等渠道，教师可以向学生提供视听材料、阅读文本等资源，激发学生的学习兴趣和自主学习能力。

2.促进环节

在这一阶段，教师需要设计并实施各项教学活动，以达到教育目标。教师可以利用不同的教学方式和方法，如任务型学习和产出导向法，让学生参与课堂讨论、小组合作等活动，培养学生的语言能力和综合素质。同时，教师还可以根据学生的实际情况进行补救式教学，帮助学生解决学习困难，促进学生的个体发展。

3.评价环节

在这一阶段，教师需要对整个教学过程进行全面评价和反馈。教师可以通过

课堂评估和延迟评估等方式，检验学生的学习成果和教学效果。同时，教师还可以引入生生互评和个人自评机制，让学生参与教学评价，促进他们的自我认知和学习动机。

（二）"五位素养育人"目标模式的应用

"五位素养育人"目标模式是一种综合性的教育理念，旨在培养学生的综合素质和职业素养。在英语语言教学中，这一模式的应用可以有效提升教学质量和实施效果。

1. 职业素养

在英语教学中，职业素养的培养是至关重要的。教师可以通过引入与不同职业领域相关的实践案例和职业导向的教学内容，帮助学生了解英语在实际工作场景中的应用。例如，可以组织学生分析并撰写商务邮件、演讲稿或报告，培养他们在职场中所需的沟通和表达能力。此外，还可以邀请行业内的专业人士来举办讲座或分享经验，让学生更深入地了解职业领域的要求和发展方向。

2. 认知素养

认知素养的培养是培养学生思维能力和创新意识的关键。教师可以采用启发式教学和问题解决的教学方法，引导学生通过探究和实践来构建知识体系，激发他们的思维能力和创造性思维。例如，可以设计探究性任务或项目，让学生在团队合作中解决实际问题，从而提高他们的问题分析和解决能力。

3. 功能素养

在英语语言教学中，功能素养的培养是非常重要的。教师可以注重语言功能的培养，如口语表达能力、写作能力等。通过课堂教学和实践活动，帮助学生掌握实用的语言技能，并将其运用于实际生活和工作中。例如，可以设计角色扮演、辩论或讨论等活动，让学生在真实情景中运用英语进行交流，提高他们的语言应用能力。

4. 自我素养

自我素养的培养是帮助学生认识自我、塑造自我形象的重要途径。教师可以通过情感教育和生涯规划的指导，引导学生进行自我反思和自我认知，培养他们的自信心和自我管理能力。例如，可以组织学生进行自我介绍和自我评价，让他们了解自己的优势和不足，并制定个人发展计划，提升自我素养。

5. 社会素养

在英语语言教学中，培养学生的社会素养尤为重要。教师可以注重跨文化交际和社会责任的培养，帮助学生了解不同文化背景下的交流方式和礼仪规范，培养他们的跨文化沟通能力和社会适应能力。例如，可以组织学生参加国际交流活动、志愿者服务或文化交流项目，让他们与不同背景的人群进行互动，增进对多元文化的理解和尊重。

第五章　大学英语教学评估与反馈

第一节　大学英语教学中的评估方法和工具

一、教学评估的基本方法和工具介绍

在大学英语教学中，教学评估是确保教学质量和提升教学效果的重要手段。评估方法和工具的选择应该充分考虑教学目标、学生特点以及教学内容的特点（见图 5-1）。

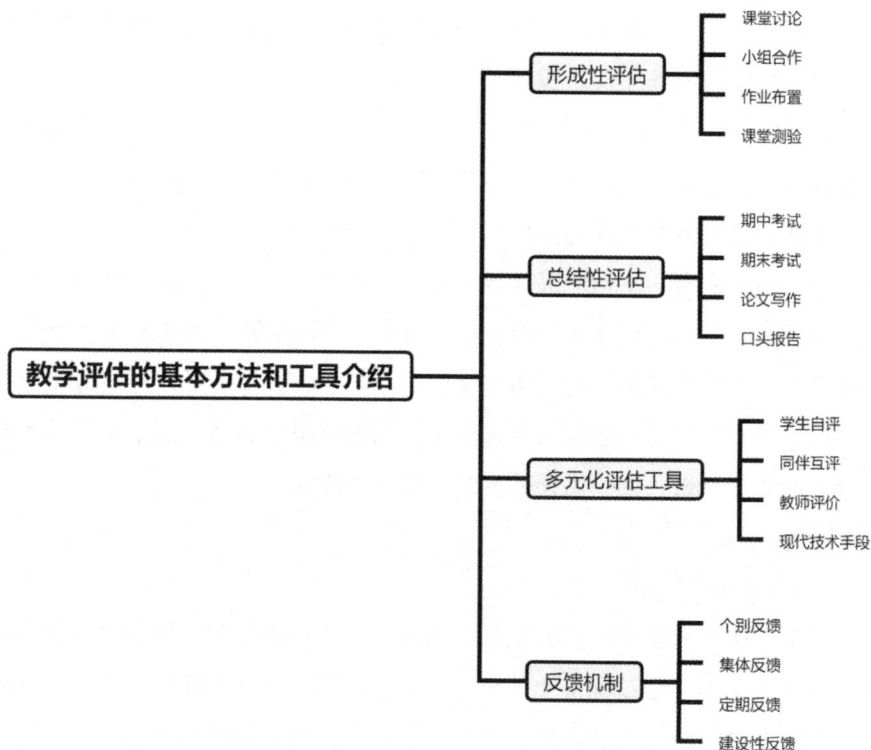

图 5-1　教学评估的基本方法和工具介绍架构图

（一）形成性评估

1. 课堂讨论

（1）课堂讨论的意义

课堂讨论作为一种常见的形成性评估方法，在英语教学中具有重要的意义。通过组织学生进行讨论，教师可以了解学生对知识的理解程度和思维能力。在英语课堂上，通过提出问题或话题，鼓励学生展开讨论并表达自己的看法，教师可以评估学生的口语表达能力、逻辑思维能力以及对课堂内容的理解程度，为后续教学提供指导和改进方向。

（2）课堂讨论的实施方法

教师可以采取多种方法组织课堂讨论，以促进学生的参与和交流。首先，教师可以提前准备好问题或话题，确保具有启发性和开放性，引导学生展开思考和讨论。其次，教师可以采用小组讨论或全班讨论的形式，根据不同的教学目标和内容进行选择。在小组讨论中，学生可以更自由地表达自己的观点，与同伴进行交流和辩论；而在全班讨论中，可以促进学生之间的互动和思想碰撞，拓宽学生的思维视野。最后，教师在课堂讨论中要注重引导和点拨，及时纠正学生的错误理解，促进学生的思维深入和成长。

（3）课堂讨论的评估方式

教师可以通过多种方式对课堂讨论进行评估。首先，可以通过观察学生的讨论参与程度和表现情况来评估其口语表达能力和思维能力。教师可以注意学生的发言频率、内容质量、逻辑严谨性等方面，进行综合评价。其次，教师还可以利用记录或笔记的方式，对学生的讨论内容进行记录和分析，发现学生的思维模式和问题意识，为后续的教学提供参考和指导。最后，教师还可以通过课堂作业或小组项目等形式，要求学生就讨论内容进行书面反思和总结，从中了解学生对课堂讨论的理解和反思，进一步评估其学习效果和收获。

2. 小组合作

（1）小组合作的意义

小组合作作为形成性评估的重要方法之一，在英语教学中具有促进学生互动和合作的重要作用。通过安排学生组成小组，共同完成一些任务或项目，可以有效地促进学生之间的交流和合作，提高其团队合作能力和语言运用能力，为其个人发展和全面成长奠定基础。

（2）小组合作的实施方法

教师可以采取多种方式安排小组合作活动，以满足不同的教学目标和内容需求。首先，可以根据课堂主题或教学内容，将学生分成不同的小组，要求他们共同完成一些任务或项目，如讨论一个话题、解决一个问题或制作一个项目。其次，教师可以根据学生的兴趣和能力水平，灵活调整小组的组成，确保每个小组都具有一定的平衡性和有效性。最后，教师在组织小组合作活动时，应当注意激发学生的主动性和创造性，为其提供足够的自由度和空间，充分发挥其创造力，从而达到合作共赢的效果。

另外，在小组合作中，教师还可以设置明确的任务目标和时间限制，激发学生的竞争意识和团队凝聚力。同时，教师可以通过定期的小组汇报或展示，让每个小组有机会向全班展示他们的成果和心得，增强学生的自信心和学习动力。

（3）小组合作的评估方式

小组合作的评估应该注重学生的团队合作能力和语言运用能力。教师可以通过多种方式对小组合作进行评估。首先，可以观察小组成员之间的合作程度和互动情况，包括沟通方式、分工合作、协调能力等方面。其次，可以听取小组汇报或展示，了解他们完成任务的过程和结果，评估其解决问题的能力和创新性。此外，教师还可以收集学生的反馈和意见，了解他们对小组合作的体验和感受，从中发现问题并及时调整教学策略。

3. 作业布置

（1）作业布置的意义

作业布置是形成性评估的重要途径之一，可以通过作业了解学生对课堂知识的掌握程度和学习情况。在英语教学中，作业可以包括课后练习、阅读任务、写作练习等，通过作业的布置和批改，教师可以指导学生及时发现和纠正错误，促进其学习进步，实现个性化教学。

（2）作业布置的实施方法

教师在布置作业时，应根据教学内容和学生的学习水平合理选择作业内容和形式。作业可以是课后练习，巩固课堂所学知识；也可以是阅读任务，提高学生的阅读理解能力；还可以是写作练习，锻炼学生的语言表达能力。同时，教师应当明确作业要求和提交时间，确保学生能够按时完成并提交作业。在批改作业时，教师应给予及时地反馈和指导，帮助学生发现错误并改进，促进其学习进步。

（3）作业布置的评估方式

作业布置的评估应注重对学生学习情况和作业完成质量的全面评价。教师可以根据作业完成情况和质量，对学生的表现进行评估。具体来说，可以考查学生对课堂知识的掌握情况、解决问题的能力以及语言表达的清晰度和准确性等方面。此外，教师还可以通过作业中的自评、互评和教师评价等方式，全面了解学生的学习情况和成绩水平，为后续教学提供参考和指导。

4. 课堂测验

（1）课堂测验的意义

课堂测验是一种简便有效的形成性评估方法，可以在课堂上进行，检查学生对当堂所学知识的掌握情况。在英语教学中，通过课堂测验，教师可以了解学生的学习效果和掌握情况，及时调整教学策略，帮助学生更好地理解和应用知识，促进其学习进步。

（2）课堂测验的实施方法

教师可以根据课堂内容和学生的学习水平，灵活选择课堂测验的形式和题型。课堂测验可以采用选择题、填空题、问答题等形式，涵盖课程的不同知识点和技能要求。在设定题目时，教师应确保题目的难度适中，涵盖课堂所学内容的重点和难点，既能检查学生的基础知识掌握情况，又能考查其综合运用能力。此外，教师还可以设置计时限制，确保学生在规定的时间内完成测验，培养其应对时间压力的能力。

（3）课堂测验的评估方式

课堂测验的评估方式应该多样化，全面考查学生的学习情况和水平。教师可以根据学生的答题情况和成绩表现，对其进行评估。具体来说，可以考查学生的答题准确性、完整性和清晰度，以及解题过程中的思维逻辑和方法运用等方面。此外，教师还可以根据学生的答题速度和反应情况，评估其对知识点的熟悉程度和掌握程度。综合考虑这些因素，可以为学生提供全面的评价，为后续教学提供指导和改进方向。

（二）总结性评估

1. 期中考试

（1）期中考试的意义

期中考试作为一种总结性评估方式，通常在学期中进行，旨在检查学生对前半学期所学知识的掌握情况。在英语教学中，期中考试是教师评估学生学习进展的重要时刻。通过期中考试，教师可以了解学生对语言技能（听、说、读、写）和语言知识（语法、词汇、阅读理解等）的掌握情况，及时发现问题，调整教学策略，帮助学生更好地备战期末考试。

（2）期中考试的内容和形式

期中考试的内容和形式可以根据教学大纲和学生水平进行灵活设计。在英语教学中，期中考试的内容通常涵盖听力、阅读、写作和口语等方面。听力部分可以包括听力理解和听力填空等题型；阅读部分可以包括阅读理解和阅读填空等题型；写作部分可以包括作文和写作任务等；口语部分可以包括口头表达和对话练习等。通过多样化的考题设计，全面评价学生的英语水平，促进其全面发展。

（3）期中考试的评价方式

期中考试的评价方式应该客观、公正、全面。教师可以根据考试成绩、答卷质量和学生表现等多方面来评价学生的学习情况。同时，教师还可以结合学生的课堂表现、作业完成情况等综合考虑，为学生提供全面的评价和反馈。通过期中考试的评价，可以帮助学生认识到自己的学习状态和问题，并及时调整学习策略，提高学习效果。

2. 期末考试

（1）期末考试的意义

期末考试是对整个学期学习成果的综合评价，通常在学期结束时进行。在英语教学中，期末考试的意义重大，不仅可以检验学生对整个学期所学知识的掌握情况，还可以评估其学习能力和综合素质。期末考试成绩直接关系到学生的学习成绩和学业发展，对学生的个人发展和未来规划具有重要影响。

（2）期末考试的内容和形式

期末考试的内容和形式应该全面、多样化，覆盖学生所学的各个方面。在英语教学中，期末考试的内容包括但不限于语法、词汇、阅读理解、写作和口语等。考试形式可以采用选择题、填空题、问答题、作文题、口语考试等多种形式，以考查学生的听、说、读、写等各方面的能力。通过综合性的考题设计，全面评价学生的英语水平和学习成果，为学生的学习和发展提供指导和帮助。

（3）期末考试的评价方式

期末考试的评价方式应该公正、客观、科学。教师可以根据考试成绩、答卷质量、口头表达等多方面来评价学生的学习情况。同时，教师还可以结合平时表现、作业完成情况、课堂参与度等综合考虑，为学生提供全面的评价和反馈。通过期末考试的评价，可以帮助学生总结学期学习经验，发现问题并加以改进，为下学期的学习打下坚实的基础。

3. 论文写作

（1）论文写作的意义

论文写作是一种能力综合性的评估方式，通过学生撰写论文，可以考察其独立思考能力、文献查找和分析能力、逻辑思维能力以及文字表达能力。在英语教学中，布置论文写作任务可以激发学生的学习兴趣，培养其自主学习和研究能力，提高其学术素养和语言表达能力。

（2）论文写作的实施方法

在布置论文写作任务时，教师可以提供多种话题和选题方向供学生选择，鼓励他们根据自己的兴趣和能力选择合适的研究对象。学生在撰写论文时，可以结合相关文献和资料进行深入研究，提出自己的观点和见解，并通过论据和案例加以论证和支持。教师可以为学生提供必要的指导和支持，监督论文写作过程，确保论文的质量和水平。

（3）论文写作的评价方式

论文写作的评价方式应该全面、客观、公正。教师可以根据论文的内容和结构、论据的充实性和可信度、语言的表达清晰度和准确性等方面对学生的论文进行评价。具体来说，可以评价论文的主题是否明确，论据是否充分，逻辑是否清晰，语言是否流畅，以及研究方法的科学性等。此外，教师还可以根据学生对反馈的接受程度和对改进意见的采纳情况，评价其学术素养和学习态度。综合考虑这些方面，为学生提供全面的评价和反馈，促进其学术水平和写作能力的提高。

4. 口头报告

（1）口头报告的意义

口头报告是一种口语表达能力的评估方式，通过学生的口头陈述，可以考察其语言表达能力、思维逻辑能力和演讲技巧。在英语教学中，口头报告是培养学生口头表达能力和自信心的有效方式，有助于提高其英语交流能力和沟通能力。

（2）口头报告的实施方法

在安排口头报告时，教师可以为学生提供明确的主题或话题，让他们根据自己的兴趣和能力进行准备。口头报告可以以个人形式或小组形式进行，根据具体情况进行选择。在口头报告前，教师可以为学生提供相应的指导和训练，帮助他们提高演讲技巧和语言表达能力。在口头报告过程中，教师可以给予学生积极地反馈和指导，鼓励他们展示自己的观点和见解，提高其自信心和表达能力。

（3）口头报告的评价方式

口头报告的评价方式应该全面、客观、公正。教师可以根据学生的演讲内容、语言表达、思维逻辑、演讲技巧等方面对口头报告进行评价。具体来说，可以评价学生的发言是否清晰、流畅，语言是否准确、得体，逻辑是否严谨、连贯，以及演讲技巧是否灵活、生动等。此外，教师还可以关注学生的表现自信度和与观众的互动情况，评价其整体演讲效果。通过口头报告的评价，可以帮助学生发现不足，改进提高，促进其口语表达能力和思维逻辑能力的提升。

（三）多元化评估工具

1. 学生自评

（1）学生自评的意义

学生自评作为一种重要的评估方式，具有重要的意义。通过自评，学生可以深入了解自己的学习情况和学习需求，促进其自我认识和自我管理能力的提升。在英语教学中，学生可以通过自评，发现自己的学习优势和不足，有针对性地调整学习策略，提高学习效果。

（2）学生自评的实施方法

学生自评的实施方法可以通过问卷调查、学习日记、学习总结等形式进行。在英语教学中，教师可以要求学生填写学习反思表，对自己的学习情况进行评价和反思。学生可以通过填写表格或写作方式，对自己的英语听、说、读、写等方面进行自我评价，提出改进和进步的建议。

（3）学生自评的评价方式

学生自评的评价方式应该注重客观性和真实性。教师可以根据学生的自评内容和表现，结合实际的学习情况，对学生的自评进行评价。具体来说，可以评价学生的自评是否客观准确，是否有针对性和建设性，以及对自身学习的认识和反思是否深入。通过对学生自评的评价，可以帮助学生更好地认识自己的学习情况和需求，促进其学习动力和自主学习能力的发展。

2.同伴互评

（1）同伴互评的意义

同伴互评作为一种相互学习和促进学习的评估方式，具有重要的意义。通过同伴互评，学生可以相互交流和分享学习经验，促进学习思维和学习方法的交流和碰撞。在英语教学中，同伴互评可以培养学生的合作精神和团队意识，提高其学习效果和学习兴趣。

（2）同伴互评的实施方法

同伴互评的实施方法可以通过小组讨论、互相审阅作业、合作解决问题等形式进行。在英语教学中，教师可以将学生分成小组，要求他们相互交流和评价彼此的学习成果。学生可以在小组内互相讨论，提供建设性地反馈和改进意见，共同解决学习中的困难和问题。

（3）同伴互评的评价方式

同伴互评的评价方式应该注重客观性和公正性。教师可以根据同伴互评的结果和学生的表现，评价其合作精神和团队意识。具体来说，可以评价学生在小组讨论中的参与度和贡献度，以及对同伴学习成果的评价和建议是否具有建设性。通过对同伴互评的评价，可以促进学生之间的学习互助和共同进步，提高学习效果和合作能力。

3.教师评价

（1）教师评价的意义

教师评价作为一种权威性的评估方式，具有重要的意义。通过教师评价，可以对学生的学习情况进行全面、客观地评价，为其提供及时的反馈和指导。在英语教学中，教师评价是学生学习过程中的重要环节，有助于促进学生的学习动力和学习效果的提高。

（2）教师评价的实施方法

教师评价的实施方法可以通过课堂观察、作业批改、考试成绩等方式进行。在英语教学中，教师可以通过课堂表现、作业质量、考试成绩等方面评价学生的学习情况。同时，教师还可以通过定期的学习反馈和个别辅导，为学生提供个性化的学习指导和帮助。

（3）教师评价的评价方式

教师评价的评价方式应该客观、公正、科学。教师可以根据学生的学习表现和成绩情况，对其进行全面的评价。具体来说，可以评价学生在课堂上的参与度和表现，作业的完成质量和准时性，以及考试成绩的水平和提高情况。通过对学生的综合评价，可以及时发现问题和提出建议，促进其学习动力和学习效果的提高。

4. 现代技术手段

（1）现代技术手段的意义

现代技术手段在教学评估中的应用可以提高评估的效率和准确性，促进教学和评估的信息化管理。在英语教学中，现代技术手段可以为教师和学生提供便利的学习和评估工具，提升教学质量和学习效果。

（2）现代技术手段的实施方法

现代技术手段的实施方法包括但不限于在线测验、电子作业提交、学习管理系统等。在英语教学中，教师可以利用在线测验平台设置定期测验，通过选择题、填空题等形式考查学生对课程知识的掌握情况。同时，教师可以利用电子作业提交系统，收集学生的作业并进行批改和评价，提供及时的反馈和建议。此外，学习管理系统可以帮助教师管理课程内容、布置作业、发布通知等，提高教学和评估的效率。

（3）现代技术手段的评价方式

现代技术手段的评价方式应该注重其在教学评估中的应用效果和成效。教师可以根据学生的学习情况和反馈意见，评价现代技术手段在教学评估中的使用效果。具体来说，可以评价在线测验的设计是否合理、难度是否适当，电子作业提交系统是否方便快捷、作业评价是否及时准确，以及学习管理系统的功能是否完善、操作是否便捷等。通过对现代技术手段的评价，可以不断改进和优化教学评估的方式，提升教学质量和学习效果。

（四）反馈机制

1. 个别反馈

（1）个别反馈的意义

个别反馈是指教师针对每个学生的学习情况和表现进行一对一的评估和反馈。这种反馈方式能够更加精准地帮助学生解决问题，因为每个学生的学习需求和能力水平都有所不同。通过个别反馈，教师可以根据学生的具体情况，提供个性化的指导和建议，促进其学习效果的提高。

（2）个别反馈的实施方法

个别反馈的实施方法可以通过与学生进行面对面的对话、书面反馈、电子邮件等形式进行。在英语教学中，教师可以在课后与学生进行一对一的谈话，了解其学习情况和困难所在，并给予相应的建议和指导。此外，教师还可以通过电子邮件或在线平台向学生提供个别反馈，让学生在自己的时间里阅读和思考。

（3）个别反馈的评价方式

个别反馈的评价方式应该注重其针对性和有效性。教师可以根据学生的反应和改进情况，评价个别反馈的效果。具体来说，可以评价学生是否理解和接受了反馈内容，是否能够根据反馈建议调整学习策略和提高学习效果。通过对个别反馈的评价，可以及时调整和改进反馈方式，更好地促进学生的学习进步。

2. 集体反馈

（1）集体反馈的意义

集体反馈是指教师向整个班级或小组传达评估结果和改进建议的方式。这种反馈方式能够促进学生之间的交流和互动，共同探讨学习方法和策略，增强学生的合作意识和团队精神。同时，集体反馈也可以让学生了解整体的学习情况，激发其对学习的兴趣和动力。

（2）集体反馈的实施方法

集体反馈的实施方法可以通过课堂讨论、班会、公告栏发布等形式进行。在英语教学中，教师可以在课堂上向全班学生介绍评估结果和改进建议，让学生共同参与讨论和反思。此外，教师还可以通过班会或在公告栏上发布评估结果和反馈意见，让学生在课余时间里进行思考和讨论。

（3）集体反馈的评价方式

集体反馈的评价方式应该注重其对学生学习的影响和促进作用。教师可以根据学生的参与度和反馈意见，评价集体反馈的效果。具体来说，可以评价学生对评估结果和建议的接受程度，以及对学习方法和策略的改进和调整情况。通过对集体反馈的评价，可以及时发现问题并加以解决，促进学生的学习动力和学习效果的提高。

3. 定期反馈

（1）定期反馈的意义

定期反馈是指教师定期向学生提供评估结果和反馈意见的方式。这种反馈方式能够让学生及时了解自己的学习情况和进步，激发其学习动力和积极性。通过定期反馈，教师可以指导学生及时发现和纠正问题，持续提高学习效果。

（2）定期反馈的实施方法

定期反馈的实施方法可以通过每周或每月的学习总结、个别会谈、成绩单发放等形式进行。在英语教学中，教师可以在每周或每月末向学生提供学习总结和反馈意见，让学生及时了解自己的学习情况和进步。同时，教师还可以定期与学生进行个别会谈，了解其学习困难和问题，并给予相应的指导和建议。

（3）定期反馈的评价方式

定期反馈的评价方式应该注重其及时性和有效性。教师可以根据学生的学习情况和反馈意见，评价定期反馈的效果。具体来说，可以评价学生对反馈内容的理解和接受程度，以及对改进建议的采纳和实施情况。通过对定期反馈的评价，可以及时调整和改进反馈方式，更好地促进学生的学习进步。

4. 建设性反馈

（1）建设性反馈的意义

建设性反馈是指教师在评估过程中给予学生的具有建设性的反馈意见。这种反馈方式既能够指出学生存在的问题和不足，又能够给予积极地鼓励和支持，帮助学生克服困难，持续提高学习效果。建设性反馈的意义在于鼓励学生在错误和挑战中成长，培养他们的自信心和积极性，促进其持续改进和进步。

（2）建设性反馈的实施方法

建设性反馈的实施方法包括但不限于积极表扬、具体指导、问题解决等。在英语教学中，教师可以通过及时表扬学生的优点和进步，激发其学习积极性和自信心；同时，教师还可以针对学生存在的问题给予具体的指导和建议，帮助他们找到解决问题的方法和途径。

（3）建设性反馈的评价方式

建设性反馈的评价方式应该注重其对学生学习的促进作用和效果。教师可以根据学生的反应和进步情况，评价建设性反馈的效果。具体来说，可以评价学生对反馈意见的接受程度，以及对问题的解决和改进情况。通过对建设性反馈的评价，可以及时发现问题并加以解决，促进学生的学习动力和学习效果的提高。

二、合理选择评估方法和工具

在选择评估方法和工具时，教师应根据教学目标、教学内容和学生特点来合理选择，并充分考虑评估的全面性和客观性。下面是一些选择评估方法和工具的原则。

（一）与教学目标相匹配

1.课堂讨论

（1）引导学生思维能力

课堂讨论是一种有效的形成性评估方法，通过引导学生参与讨论，可以促进他们的思维能力和逻辑思维能力的发展。教师可以设置与教学目标相关的讨论话题，激发学生的思考，引导他们进行深入的思考和讨论，从而达到教学目标。

（2）培养学生表达能力

课堂讨论也是一种评估学生语言表达能力的有效方式。通过参与讨论，学生不仅可以表达自己的观点和想法，还可以倾听他人的意见，学会尊重和理解他人的观点，提高他们的语言表达能力和沟通能力。

（3）评价学生逻辑思维能力

在课堂讨论过程中，教师可以通过观察学生的发言内容和逻辑思维方式，评价他们的逻辑思维能力和问题解决能力。通过分析学生的思考过程和表达方式，教师可以及时发现学生的思维偏差和逻辑错误，并给予指导和帮助。

2.作业布置

（1）多样化作业设计

作业布置是一种灵活多样的评估方式，教师可以根据不同的教学目标设计不同类型的作业，如阅读理解、写作练习、听力练习等，以全面评估学生的学习情况和能力水平。

（2）检验学生掌握程度

通过作业布置，教师可以及时了解学生对课堂知识的掌握情况，发现学生的学习困难和问题，并及时给予指导和帮助，提高教学效果。

（3）促进学生自主学习

作业布置也是一种促进学生自主学习的方式,通过布置有针对性的作业任务,可以引导学生主动阅读、思考和学习，培养他们的自主学习能力和学习兴趣。

3.课堂测验

（1）检查学生理解情况

课堂测验是一种及时反馈学生学习情况的评估工具，可以用于检查学生对课堂内容的理解程度和掌握情况。通过设置选择题、填空题、解答题等形式的测验题目，可以全面评价学生的学习情况。

（2）促进学生及时复习

课堂测验可以促使学生及时复习课堂内容，巩固学习成果，提高学习效果。及时地测验反馈可以让学生了解自己的学习情况，发现不足之处，并及时调整学习策略，提高学习效率。

（二）多样化应用

1.项目实践

（1）综合能力评估

项目实践是一种多样化的评估方法，可以全面评价学生的综合能力。通过参与项目实践，学生需要运用所学的知识和技能解决实际问题，包括团队协作能力、创新能力、问题解决能力等，从而全面展现其综合素质。

（2）实践应用能力

项目实践要求学生将理论知识转化为实际行动，通过实际项目的设计、实施和总结，培养学生的实践应用能力。在实践过程中，学生需要动手操作、调研分析，从中获取实践经验和技能，提高解决问题的能力。

（3）团队合作能力

项目实践通常需要学生进行团队合作，共同完成项目任务。在团队合作中，学生需要相互协作、分工合作，有效沟通和协调，培养团队合作能力和领导能力，从而更好地适应未来的工作和社会需求。

2.口头演讲

（1）口语表达能力评估

口头演讲是一种能够评估学生口语表达能力的有效方法。通过要求学生进行口头演讲，可以评价其语言表达能力、语音语调、词汇运用等方面的表现，帮助他们提高口语表达能力。

（2）自信心培养

口头演讲要求学生站在台前，面对观众进行演讲，这有助于培养学生的自信心和胆识。通过克服演讲时的紧张和恐惧，学生可以提高自己的自信心和应对能力，更好地面对挑战和压力。

（3）思维逻辑能力锻炼

在口头演讲中，学生需要对所要演讲的主题进行思考和整理，并将自己的想法和观点清晰地表达出来。这有助于锻炼学生的思维逻辑能力，提高其问题分析和解决能力，培养批判性思维。

（三）学生参与度高

1. 小组合作

（1）合作精神培养

小组合作是一种能够培养学生合作精神和团队意识的评估方法。在小组合作中，学生需要相互协作、分工合作，共同解决问题或完成任务，从而提高他们的合作能力和团队协作能力。

（2）领导能力评估

在小组合作中，学生通常会有机会担任小组的领导者或者扮演不同的角色，评价他们的领导能力和团队管理能力。通过这种方式，可以发现学生的领导潜力，并帮助他们发展和提升领导能力。

（3）问题解决能力提升

小组合作通常涉及解决实际问题或完成具体任务，这有助于培养学生的问题解决能力。在合作过程中，学生需要共同思考、协商解决问题，锻炼他们的创新思维和解决问题的能力。

2. 角色扮演

（1）语言运用能力评估

角色扮演是一种生动有趣的评估方式，通过模拟情景进行交流和表达，可以评价学生的语言运用能力。在角色扮演中，学生需要运用所学的语言知识和技能，与他人进行对话和交流，从而提高他们的口语表达能力和语言应用能力。

（2）情景应对能力培养

在角色扮演中，学生需要扮演不同的角色，面对各种情景和挑战，这有助于培养他们的情景应对能力。通过扮演角色，学生可以更好地理解和应对各种社交场景和沟通情境，提高他们的社交技能和情感表达能力。

（3）实践与反馈结合

角色扮演不仅是一种评估方法，也是一种教学手段。在角色扮演过程中，学生可以实践所学的语言知识和技能，并及时得到教师和同学的反馈，从而及时调整和改进自己的表达方式和交流策略。

（四）有效性和可行性

1. 在线测验

（1）便捷高效

在线测验通过网络平台进行，学生可以随时随地参与，无须受到时间和地点的限制，具有极大的便捷性和灵活性。教师可以根据教学计划和需要，随时设置和发布测验，及时获取学生的学习情况。

（2）多样化题型

在线测验可以设置各种形式的题型，如选择题、填空题、听力题等，满足不同教学内容和学生需求的评估要求。通过多样化的题型设置，可以全面评价学生的听、说、读、写等不同语言技能的掌握情况。

（3）即时反馈

在线测验可以即时生成评分和反馈结果，帮助学生及时了解自己的学习成绩和掌握情况。同时，教师也可以及时查看学生的答题情况和成绩统计，为后续教学提供及时的指导和调整。

2. 作品展示

（1）直观有效

学生作品展示是一种直观有效的评估方式，通过学生设计的海报、制作的视频、撰写的报告等作品，可以直观地展示他们的学习成果和创意能力。教师可以通过观察和评价学生的作品，全面了解他们的学习水平和创新能力。

（2）学生参与度高

学生作品展示需要学生积极参与和主动表现，激发了他们的学习兴趣和创造力。通过设计和制作作品，学生可以深入思考和实践所学的知识和技能，从而更好地理解和掌握教学内容。

（3）促进交流与合作

学生作品展示通常需要学生在团队中合作完成，促进了学生之间的交流和合作，培养了他们的团队合作精神和协作能力。同时，学生也可以通过展示作品与他人分享自己的学习心得和成果，促进学生之间的交流和学习。

第二节　评估结果对教学的影响和反馈机制

一、评估结果对教学的重要性和影响

（一）指导教学实践

1. 提供有针对性的反馈和指导

（1）反馈和指导的重要性

提供有针对性的反馈和指导是教学中至关重要的一环。通过评估结果，教师能够了解学生的学习状况和存在的问题，进而给予针对性地反馈和指导。这种个性化的指导能够帮助学生更加清晰地认识到自己的学习状态和不足之处，从而有针对性地调整学习策略，提高学习效果。

（2）反馈和指导的实施方法

反馈和指导可以通过多种方式进行，包括口头反馈、书面反馈、个别会谈等。在英语教学中，教师可以针对不同学生的表现情况，选择合适的反馈方式。例如，对于阅读理解能力较差的学生，可以通过针对性的口头反馈，向其提供具体的阅读技巧和策略；对于写作能力较弱的学生，可以通过书面反馈，给予具体的写作指导和建议。

（3）反馈和指导的评价方式

反馈和指导的有效性可以通过学生的学习表现和成绩改善情况来评价。教师可以定期检查学生的学习作业和测验成绩，观察其在学习中的进步情况。此外，教师还可以与学生进行沟通和交流，了解他们对反馈和指导的接受程度和效果。通过综合评价学生的学习情况和反馈效果，可以及时调整和改进反馈和指导的方式，以更好地促进学生的学习进步。

2. 个性化辅导和扶持

（1）个性化辅导和扶持的意义

个性化辅导和扶持是根据学生的学习特点和需求，为其提供定制化的学习支持和帮助。这种辅导和扶持能够更好地满足学生的个性化学习需求，帮助他们克服学习困难，提高学习水平。在英语教学中，不同学生对于语言技能的掌握程度和学习方式可能存在差异，因此个性化辅导和扶持尤为重要。

（2）个性化辅导和扶持的实施方法

个性化辅导和扶持可以通过一对一辅导、小组辅导、课外辅导等形式进行。在英语教学中，教师可以针对学生的具体学习需求，提供个性化的辅导计划和学习资源。例如，针对口语表达能力较差的学生，可以安排额外的口语练习课程或小组讨论活动，帮助他们提高口语表达能力。

（3）个性化辅导和扶持的评价方式

个性化辅导和扶持的有效性可以通过学生的学习进步和表现来评价。教师可以定期检查学生的学习成绩和参与情况，观察其在个性化辅导和扶持下的学习效果。此外，教师还可以与学生进行反馈和交流，了解他们对辅导和扶持的感受和反馈。通过综合评价学生的学习情况和反馈效果，可以及时调整和改进个性化辅导和扶持的方式，以更好地促进学生的学习进步。

3. 完整教学方法和内容

（1）调整教学方法和内容的意义

调整教学方法和内容是根据评估结果，及时对教学过程进行调整和优化，以提高教学效果。通过评估结果，教师能够了解学生的学习情况和需求，进而调整教学方法和内容，使之更加贴近学生的实际情况，提高学习效果和学习满意度。

（2）调整教学方法和内容的实施方法

调整教学方法和内容可以通过多种途径实施，包括灵活运用教学资源、采用不同的教学策略等。在英语教学中，教师可以根据评估结果，调整教学计划和教学资源，设计更加多样化和生动的教学内容。例如，可以采用多媒体教学手段，结合图片、视频等教学资源，激发学生的学习兴趣和主动性。

（3）调整教学方法和内容的评价方式

调整教学方法和内容的评价方式应该从学生的学习反应和学习成效两个方面进行考量。

首先，可以通过观察学生的学习反应来评价教学方法和内容的调整效果。教师可以在课堂上观察学生的参与度、专注度和反应，以及他们对新教学内容的理解程度和接受程度。如果学生表现出更高的参与度和积极性，对教学内容有更好地理解和反应，那么调整后的教学方法和内容可能是有效的。相反，如果学生出现不适应、不理解或不感兴趣的情况，可能需要重新考虑教学的方式和内容。

其次，可以通过学生的学习成效来评价教学方法和内容的调整效果。教师可以定期进行考试、测验或作业，评估学生在新教学内容上的掌握程度和应用能力。如果学生的学习成绩有所提高，表明调整后的教学方法和内容对于学生的学习起到了积极的促进作用。另外，还可以收集学生的学习反馈和意见，通过问卷调查或讨论小组等方式了解学生对教学调整的看法和感受，进一步评价教学效果。

（二）促进教学改进

1. 发现问题和不足

教学评估结果可以帮助教师及时发现教学中存在的问题和不足之处。通过对评估数据的分析，教师可以清晰地了解到学生在哪些方面存在困难，哪些教学环节需要改进。例如，评估结果可能显示学生在某一知识点的掌握程度较低，或者在某一技能方面存在较大的差距，这就提示教师需要针对这些问题进行相应的改进措施。

2. 探索改进措施

基于评估结果，教师可以进一步探索改进措施。他们可以与同行交流，分享教学经验，借鉴他人的成功经验和教学方法。同时，教师也可以参考教育研究和教学理论，探索适合自己教学实践的改进路径。例如，如果评估结果显示学生对某一教学内容理解不足，教师可以重新设计教学内容，采用更具启发性和互动性的教学方法，以提高学生的学习效果。

（三）个性化辅导

1. 了解学生学习特点和需求

（1）学生学习特点的分析

教学评估结果提供了教师深入了解学生学习特点的重要数据支持。在学生参与评估后，教师可以从多个角度分析学生的学习特点。首先，评估结果可以揭示学生的学科偏好和能力水平。通过分析学生在不同学科的评估表现，教师可以了解到每位学生的学科特长和相对薄弱之处。例如，某些学生可能在数学方面表现出色，而在语言类科目中可能较为困难。其次，评估结果还能揭示学生的学习方式和习惯。通过观察学生在评估过程中的答题思路、时间分配以及解题方法，教师可以洞察到每个学生的学习偏好，是倾向于通过视觉、听觉还是动手实践等方式进行学习。此外，评估结果还能反映学生的学习态度和情绪状态。通过分析学生在评估中的表现和反馈，教师可以了解到学生对学习的态度是积极还是消极，是否存在学习动力不足或者学习压力过大等问题。

（2）学生学习需求的识别

在了解学生的学习特点的基础上，教师可以更准确地识别学生的学习需求。首先，针对学科特长和薄弱之处，教师可以为每位学生量身定制学习计划和目标。对于擅长某一学科的学生，教师可以提供更多的挑战性学习任务，拓展其学科知识面；而对于相对薄弱的学科，教师则可以通过针对性地辅导和训练，帮助学生弥补知识漏洞，提高学科成绩。其次，针对学习方式和习惯，教师可以为学生提供个性化的学习指导。例如，对于偏好视觉学习的学生，教师可以通过多媒体教学、图表解析等方式进行教学；而对于偏好动手实践的学生，则可以采用实验探究、项目实践等方式进行教学。最后，针对学习态度和情绪状态，教师可以给予学生更多地关怀和支持。通过与学生进行心理沟通和情绪引导，教师可以帮助学生树立正确的学习态度，建立良好的学习情绪，从而更好地投入到学习中去。

（3）个性化辅导实施策略

基于对学生学习特点和需求的充分了解，教师可以制定出一系列个性化辅导实施策略。首先，教师可以采取差异化教学策略，根据学生的学科特长和薄弱之处，为每个学生量身定制学习任务和活动。其次，教师可以采用多样化的教学方法，满足不同学生的学习方式和习惯。例如，可以结合讲授、讨论、实验、案例分析等多种教学手段，以达到更好的教学效果。再次，教师可以积极引导学生，培养其自主学习能力。通过设立学习小组、导师制度等形式，教师可以引导学生相互学习、合作探究，提高学生的学习动机和自主性。最后，教师还应及时跟踪学生的学习情况，及时调整个性化辅导策略。通过定期组织学生学习情况反馈会议、个别辅导等方式，教师可以了解到学生的学习进展和困难，及时给予帮助和支持，确保个性化辅导策略的有效实施。

2. 提供个性化学习建议

（1）基于评估结果的学习建议制定

教学评估结果为教师提供了制定个性化学习建议的重要依据。首先，教师可以根据学生在评估中的表现，为其量身定制学习计划和目标。针对学科特长和薄弱之处，教师可以向学生提出相应的学习建议，指导其在学习上的重点和难点。其次，教师可以根据学生的学习方式和习惯，为其提供个性化的学习方法和技巧。例如，对于偏好视觉学习的学生，可以建议其通过图表、示意图等形式来理解和记忆知识；对于偏好听觉学习的学生，则可以建议其通过听讲、录音等方式来加强学习效果。最后，教师还可以根据学生的学习态度和情绪状态，为其提供情感支持和心理建议。对于学习态度积极的学生，教师可以鼓励其保持良好的学习习惯，并提供激励和奖励以进一步激发学习动力；而对于学习态度消极或情绪低落的学生，则可以进行心理疏导，帮助其调整心态，树立自信心，重新找到学习的乐趣和动力。

（2）个性化学习建议的实施策略

为了有效地实施个性化学习建议，教师可以采取一系列策略，确保学生能够充分受益于这些建议。首先，教师可以与学生进行面对面的一对一沟通，详细解释学习建议的内容和重要性。通过与学生进行深入的交流和互动，教师可以更好地理解学生的学习需求和困难，为其提供更加精准的建议。其次，教师可以利用多种渠道向学生传达学习建议。除了口头指导外，教师还可以通过书面材料、电子邮件、在线课程平台等方式，将学习建议传达给学生，以便学生能够随时查阅和回复。再次，教师可以利用学生家长的支持，加强学习建议的贯彻实施。通过与家长进行沟通和合作，教师可以更好地监督学生的学习情况，及时了解到学生的学习进展和问题，为其提供必要的支持和帮助。最后，教师还应该建立定期反馈机制，及时了解学生对学习建议的反馈和实施效果。通过定期组织学生学习情况反馈会议、个别辅导等方式，教师可以向学生了解学习建议的实施情况，听取学生的意见和建议，并根据反馈及时调整和完善学习建议，确保其能够真正发挥作用。

3.个性化辅导的效果评估

（1）评估指标的确定

为了评估个性化辅导的效果，教师可以根据学生的学习特点和需求，制定相应的评估指标。首先，可以通过学习成绩的提高来评估个性化辅导的效果。比较学生在辅导前后的成绩变化情况，可以客观地反映出辅导的实际效果。其次，可以通过学生的学习态度和情绪状态来评估个性化辅导的效果。观察学生的学习动机、学习积极性以及情绪稳定性等方面的变化，可以间接反映出辅导的心理影响。最后，可以通过学生和家长的满意度调查来评估个性化辅导的效果。通过向学生和家长发放问卷，收集他们对辅导内容、方式和效果的评价，可以全面了解辅导的满意度和改进空间。

（2）评估方法的选择

针对不同的评估指标，教师可以选择不同的评估方法进行评估。对于学习成绩的提高，可以采用定期考试、测验、作业等形式进行评估，比较学生在辅导前后的成绩变化情况。对于学生的学习态度和情绪状态，可以采用问卷调查、观察记录等方法进行评估，了解学生的学习动机、学习积极性以及情绪稳定性等情况。对于学生和家长的满意度评价，可以设计问卷调查，收集他们对辅导内容、方式和效果的评价，以及对改进意见的反馈。

（3）评估结果的分析和应用

通过评估个性化辅导的效果，教师可以深入分析评估结果，并据此调整和改进个性化辅导策略。首先，教师可以比较学生在辅导前后的学习成绩变化情况，分析其原因和影响因素。根据分析结果，教师可以进一步优化学习计划和目标，调整学习方法和技巧，以提高个性化辅导的效果。其次，教师可以根据学生的学习态度和情绪状态评估结果，针对性地开展心理疏导和情感支持，帮助学生树立正确的学习态度，调整学习情绪，从而更好地投入到学习中去。最后，教师还应及时总结评估结果，向学生和家长反馈辅导效果，听取他们的意见和建议，不断完善个性化辅导策略，提高辅导的质量和效果。

（四）提高学生学习动机

1. 及时反馈激发学习兴趣

（1）评估结果的重要性

教学评估结果的及时反馈对于激发学生的学习兴趣至关重要。评估结果反映了学生在学习过程中的表现和成绩，是学生了解自己学习状态的窗口。通过及时了解自己的学习成绩和问题，学生可以更加清晰地认识到自己的学习状态，从而更加有动力地投入到学习中去。

（2）激发学习兴趣的机制

评估结果的及时反馈可以通过多种机制激发学生的学习兴趣。首先，正面的评价和鼓励可以增强学生的自信心和学习动力。当学生取得好成绩时，教师可以及时给予肯定和奖励，让学生感受到学习的成就感和乐趣，从而激发其学习兴趣。其次，针对学生的学习问题和困难，及时地指导和支持可以帮助学生克服障碍，增强学习信心。通过向学生提供有效的学习方法和技巧指导，帮助他们解决学习中的困难，可以提高学生的学习动机和学习效果。

（3）促进全面发展

评估结果的及时反馈不仅可以激发学生的学习兴趣,还可以促进其全面发展。

通过了解自己的学习状态和问题，学生可以及时调整学习策略和方法，提高学习效率和成绩。同时，评估结果还可以帮助学生认识到自己的优势和不足，从而更好地发展自己的潜力，全面提升个人素质和能力。

2. 建立自我监督机制

（1）自我监督机制的意义

建立自我监督机制是培养学生自主学习能力和自我管理能力的重要途径。通过不断了解自己的学习情况和表现，学生可以自觉地发现问题并及时进行调整和改进。他们会更加注重学习过程中的反思和总结，逐渐形成良好的学习习惯和自我管理能力。

（2）自我监督机制的建立方法

建立自我监督机制可以通过以下方法实现。首先，学生可以通过定期的学习计划制定和执行，自觉地监督自己的学习进度和完成情况。制定具体的学习目标和计划，根据评估结果和反馈信息，调整学习策略和方法，确保学习目标的达成。其次，学生可以利用学习日志等工具，记录和分析自己的学习过程和心得体会。通过反思和总结，发现学习中存在的问题和不足，及时调整和改进学习方法，提高学习效果。最后，学生还可以借助同伴和家长的帮助，共同监督和支持学习。与同学建立学习小组，相互交流和分享学习经验，共同解决学习中的困难和问题；与家长保持沟通和合作，共同关注学生的学习情况，提供必要的支持和指导。

（3）自我监督机制的效果

建立自我监督机制可以有效地提高学生的学习动机和学习效果。通过自我监督，学生可以更加自觉地管理自己的学习，提高学习的自主性和积极性。他们会更加注重学习过程中的细节和规划，更加努力地追求学习目标的实现。同时，自我监督还可以培养学生的自我管理能力和解决问题的能力，为其未来的学习和生活奠定坚实的基础。

二、建立有效的反馈机制促进教学改进

（一）及时反馈

1. 教学评估数据的收集和分析

（1）数据收集的重要性

教学评估数据的收集是了解学生学习情况的重要途径。教师应当及时收集学生的作业、测验成绩、课堂表现等数据，并对这些数据进行分析。通过数据的收

集和分析，教师可以全面了解学生的学习状况，发现问题，为后续的教学提供指导和改进方向。

（2）数据收集的方法

教师可以利用多种方法收集评估数据。首先，可以通过课堂作业来了解学生的学习进展和掌握程度。课堂作业可以是书面作业、小组讨论、实验报告等形式，通过作业的完成情况可以初步了解学生的学习情况。其次，可以通过定期的测验和考试来检测学生的学习成绩。这些测验可以包括课堂小测、期中考试、期末考试等形式，通过测验成绩可以详细了解学生在各个学科和知识点上的掌握情况。此外，教师还可以通过课堂观察、听课记录等方式收集学生的课堂表现数据，了解学生的学习态度、参与程度等情况。

（3）数据分析的方法

教师在收集到评估数据后，应当对数据进行深入的分析。数据分析可以采用定量和定性相结合的方法。首先，可以利用统计学方法对定量数据进行分析，比如计算平均分、标准差、相关系数等，从中找出学生的整体学习状况和存在的问题。其次，可以对定性数据进行综合分析，比如对学生的作业内容、答题思路、课堂表现等进行细致的观察和分析，发现其中的规律和特点。通过定量和定性数据的结合分析，教师可以更全面地了解学生的学习情况，为后续的教学提供科学的依据。

2. 学生及时反馈评估结果

（1）及时反馈的意义

及时反馈评估结果对于学生的学习至关重要。通过及时反馈，学生可以了解自己的学习情况，认识到自己的学习优势和不足之处，从而及时调整学习策略，提高学习效果。同时，及时反馈还可以增强学生的学习动机和自信心，促进其持续进步。

（2）反馈内容和方式

教师在向学生反馈评估结果时，应当注重反馈内容的针对性和实效性。首先，教师应当指出学生的学习优势和进步之处，给予正面的肯定和鼓励。这可以增强学生的自信心，激发其学习兴趣。其次，教师应当指出学生的学习不足和存在的问题，并提出具体的改进意见和建议。这些建议可以包括学习方法、时间管理、注意力集中等方面，帮助学生有针对性地改进学习策略。此外，教师还可以与学生进行个别沟通，了解学生的学习需求和困难，为其提供个性化的指导和帮助。

（3）建立反馈机制

为了确保及时反馈的有效实施，教师可以建立起完善的反馈机制。首先，可以在课堂上及时给予学生反馈，比如对作业、测验成绩进行点评，向学生解释评估结果，提出改进建议。其次，可以通过家长会、班会等形式与家长沟通，告知学生的学习情况和存在的问题，共同探讨解决方案。此外，教师还可以建立起学生与教师之间的良好沟通渠道，鼓励学生积极向教师反馈学习情况和困难，及时寻求帮助。

（二）个性化反馈

1. 学生的实际情况和需求

（1）个性化反馈的必要性

个性化反馈是根据每个学生的实际情况和需求进行的反馈，具有重要的教育意义和实践价值。每个学生的学习能力、学习风格和学科特点都不同，因此，针对每个学生的个性化反馈可以更有效地引导其学习，提高学习效果。通过个性化反馈，教师可以更加精准地了解学生的学习状态和问题，为其提供有针对性的指导和帮助，从而促进其个人发展和全面成长。

（2）基于评估数据的个性化反馈

个性化反馈应该基于学生的评估数据，针对性地提供学习建议和指导。教师可以通过分析学生的评估数据，了解到每个学生的学习优势和不足，以及存在的学习问题和困难。根据这些数据，教师可以为每个学生量身定制个性化的学习计划和目标，制定相应的改进措施和策略，帮助学生更好地发挥自己的潜力。

（3）个性化反馈的实施方式

个性化反馈可以通过多种方式实施。首先，教师可以在课堂上进行个别指导和点评，针对学生的学习情况和问题，提供个性化的反馈和建议。其次，教师可以利用电子邮件、在线课程平台等方式，向学生提供个性化的学习建议和指导。通过这些渠道，学生可以随时随地获取到教师的反馈和帮助，提高学习的效率和质量。此外，教师还可以与学生进行个别会谈，了解其学习需求和困难，为其提供个性化的支持和指导，帮助其更好地克服学习障碍，实现自我提升。

2. 提供具体的改进措施

（1）个性化反馈的内容

个性化反馈应该提供具体的改进措施和建议，指导学生如何调整学习方法和策略。教师可以根据学生的评估数据和学习情况，提供针对性地改进建议，帮助学生克服学习中的困难和问题。这些建议可以包括学习方法、时间管理、注意力集中等方面，具体到学科知识和技能的学习，为学生提供详细的指导和辅导。

（2）针对学生的弱点提供帮助

个性化反馈还应该针对学生的弱点和不足之处，提供相应的练习和辅导，帮助学生提高相应的能力水平。教师可以根据学生的评估数据和学习情况，量身定制针对性地练习和训练计划，帮助学生克服弱点，提高学习成绩。同时，教师还可以结合课堂教学和个别辅导，为学生提供有针对性的辅导和指导，帮助其全面发展。

（3）持续跟踪和调整

个性化反馈不仅是一次性的指导，还需要持续跟踪和调整。教师应当定期检查学生的学习情况和改进进展，根据实际情况及时调整和完善个性化反馈的内容和方式。通过持续地跟踪和调整，可以确保个性化反馈的有效实施，最大限度地促进学生的学习和发展。

第六章　大学英语教学技术支持与教学资源

第一节　信息技术在大学英语教学中的应用

一、信息技术与课程整合的内涵

（一）数字化学习的定义与意义

数字化学习是指将数字化内容融入课程教学，使之成为教学过程中的重要组成部分。2000 年美国教育技术 CEO（首席执行官）论坛的报告给出了对数字化学习的权威定义，强调了数字化学习在提高学生探索与研究水平方面的作用。数字化学习的关键在于将数字化内容整合到课程中，从而为学生提供更加生动、丰富的学习体验。这种学习方式不仅能够培养学生的 21 世纪能力素质，还能创造出更具有吸引力和互动性的学习环境。

（二）我国教育领域存在的问题与挑战

在我国教育领域，长期以来存在着一些矛盾和问题。其中，最突出的问题之一是教育体系培养出的人才主要是知识应用型而非创新型人才。这种情况导致了我国在创新领域的发展相对滞后，不利于国家的长期发展和竞争力的提升。在大学英语教学方面，也面临着相似的挑战，传统的教学模式往往缺乏活力和互动性，无法激发学生的学习兴趣和创造力。

（三）构建"主导——主体相结合"的教学模式

针对我国教育领域存在的问题和挑战，教育改革的目标之一是构建"主导——主体相结合"的教学模式。这种教学模式强调教师与学生之间的合作与互动，旨在激发学生的学习主动性和积极性。在这种模式下，教师起着引导和指导的作用，同时充分尊重学生的主体地位，促使其在学习过程中发挥出更多的创造性和积极性。这种教学模式既能发挥传统教学的优势，又能充分利用信息技术的优势，实现教学的全面提升和改善。

在信息技术与课程整合的过程中，数字化学习环境的创建和教学模式的改革是十分重要的。通过将信息技术纳入教学过程，创造出更加生动、互动的学习环境，可以有效地提高教学效率和效果。信息技术不再只是辅助工具，而是教学过程中的重要组成部分，对整个语言教学系统进行改造，为学生提供更加丰富、个性化的学习体验。

二、信息技术和大学英语课程整合的途径和方法

在数字化的教学与学习环境中，有海量的知识和丰富的教学资源；各类教学平台和社交软件都为虚拟教学环境中的交流提供了便捷，使其更加真实自然。

（一）整合课程资源

1. 搜索与筛选网络信息资源

在数字化学习环境中，教师的搜索与筛选网络信息资源的能力至关重要。教师需要熟练掌握各种搜索引擎的使用技巧，以便能够准确、快速地找到相关的教学资源。这包括但不限于使用适当的关键词、过滤器和搜索语法来提高搜索效率。通过选择恰当的关键词，教师可以缩小搜索范围，从而更快地找到与教学内容相关的资源。此外，利用搜索引擎提供的高级功能，如布尔运算符（AND、OR、NOT）和引号搜索，也有助于更精确地定位所需资源。对于不同的教学主题和需求，教师可以灵活运用这些搜索技巧，以便在海量的网络信息中快速准确地定位到符合教学要求的资源。

除了搜索技巧，教师还应该具备评估网络资源可信度和质量的能力，以确保所选用的资源符合教学要求。在评估网络资源时，教师应该关注多个方面，包括信息来源、作者资质和发布时间等。首先，评估信息来源是至关重要的。教师应该选择来自权威机构、知名学术机构或有良好声誉的网站的资源，以确保信息的可信度和准确性。其次，教师需要考察资源的作者资质。了解作者的背景、学术资历和研究领域可以帮助教师判断资源的专业性和权威性。同时，教师还应该注意资源的发布时间，特别是对于某些领域更新较快的内容，及时性至关重要。确保所选资源是最新的和可靠的，有助于提供与时俱进的教学内容。

2. 整理与适配教学资源

在整合课程资源时，教师应该注重资源的多样性和适用性，以满足学生的不同需求。首先，多媒体资源是一种重要的资源形式，教师可以整合文字、图片、音频、视频等多种形式的资源，以提供更加生动丰富的学习体验。文字能够传递信息和概念，图片可以直观地展现事物和情境，音频则可以帮助学生更好地理解语言和发音，而视频则能够模拟实际场景，使学生更加深入地了解学习内容。通过整合多媒体资源，教师可以丰富课堂教学内容，提高学生的学习兴趣和参与度，同时满足不同学生的学习方式和需求。

其次，课程内容设计也是整合教学资源的关键。教师应根据课程目标和学生特点，灵活地设计教学内容，使之与课程目标相契合，并且能够激发学生的学习兴趣。课程内容设计应该具有针对性和系统性，既要满足课程大纲和标准的要求，又要考虑到学生的实际情况和学习水平。教师可以采用启发式教学、案例教学、探究式学习等多种教学方法，设计丰富多样的教学活动和任务，以激发学生的思维和创造力，提高他们的学习效果和成就感。

3. 创新教材编写与开发

在数字化环境下，教师可以利用各种工具和平台进行创新的教材编写与开发，以满足课程整合的需求。首先，个性化教材是一种重要的创新方式。教师可以根据学生的学习需求和水平，编写个性化的教材，以提供更加贴近实际的学习内容。通过分析学生的学习风格、兴趣爱好和学习能力，教师可以针对性地选择和编写教材，使之更加符合学生的个性化学习需求。个性化教材不仅能够提高学生的学习兴趣和参与度，还能够促进他们的学习效果和学习成就。

其次，开放式资源是另一种创新的教材编写与开发方式。教师可以利用开放式教育资源库，获取并整合各种开放式教材，以丰富课程内容。开放式资源包括但不限于教学视频、在线课程、数字图书馆、开放式课程软件等。教师可以根据课程特点和学生需求，选择合适的开放式资源，并将其整合到教学活动中，以丰富课程内容，提高教学质量。通过开放式资源的利用，教师可以打破传统教材的局限性，为学生提供更加丰富、多样的学习体验，促进他们的自主学习和创造性思维。

（二）利用网络平台

1. 构建在线学习社区

在数字化学习环境下，构建在线学习社区是促进师生交流与互动的重要方式之一。通过各种在线学习平台，教师可以搭建一个开放、互动和共享的学习环境，从而有效地促进学生的学习和成长。

首先，利用在线论坛、博客等平台进行讨论与交流是构建在线学习社区的关键步骤之一。在这些平台上，学生可以超越课堂内容进行深入的讨论和交流，拓展思维，增强学习效果。教师可以设置不同的讨论主题或话题，引导学生进行有意义的讨论，激发他们的思考和探索精神。通过参与讨论，学生不仅可以增进对课程内容的理解，还可以学会表达观点、听取他人意见并加以思考和回应。

其次，协作与分享也是在线学习社区中的重要组成部分。教师可以组织学生在网络平台上展开协作项目，共同完成任务，并鼓励他们分享学习心得和经验，促进共同成长。通过协作项目，学生可以学会团队合作、分工合作、沟通协调等能力，同时也能够从合作中获得更深入的学习体验和认识。此外，分享学习心得和经验也是在线学习社区中的一种重要形式，学生可以借此机会互相启发、鼓励和支持，共同进步。

总的来说，构建在线学习社区是数字化学习环境下促进师生交流与互动的有效途径之一。通过搭建开放、互动和共享的学习环境，教师可以有效地促进学生的学习和成长，提高教学效果。因此，教师应积极借助各种在线学习平台，构建起丰富多样、活跃互动的在线学习社区，为学生提供更加丰富、个性化的学习体验。

2. 开设在线课程与资源库

在数字化学习环境下，教师可以利用各种在线教育平台开设在线课程和资源库，为学生提供更加便捷、灵活的学习途径。这种做法不仅可以满足学生个性化学习需求，还可以促进教育资源的共享与共建，提升教学效果和教学质量。

首先，教师可以利用慕课平台开设在线课程，为学生提供随时随地的学习机会。慕课平台是一种在线学习平台，提供了丰富多样的课程资源，学生可以根据自己的兴趣和学习需求选择并参与相关课程。教师可以将自己精心设计的课程内容制作成慕课形式，并上传至慕课平台，让学生可以随时随地通过网络进行学习。这种方式不受时间和空间限制，使得学习更加灵活和便捷。同时，教师还可以利用慕课平台提供的在线测验、作业提交等功能，对学生的学习情况进行跟踪和评估，及时给予指导和反馈，提高学习效果和成效。

其次，教师可以建立自己的资源库，并将整理的教学资源上传至其中，与其他教师共享，促进资源共建共享。这种资源库可以包括课件、教案、习题、教学视频等各种形式的教学资源。通过建立资源库，教师可以将自己的教学资源整合起来，形成一个系统完整的教学资源集合，方便学生和其他教师进行查阅和利用。同时，教师还可以与其他教师进行资源共享，分享自己的教学经验和心得，促进教育资源的共建共享，提高教学质量和水平。

（三）更新教学模式

1. 借助虚拟实验与模拟软件

在数字化学习环境下，教师可以充分利用虚拟实验和模拟软件，以丰富课堂教学内容，激发学生的学习兴趣。这些工具能够帮助学生在模拟的环境中进行实践操作，深化对知识的理解和应用，从而提高学习效果和学习体验。

首先，虚拟实验是数字化学习环境下的重要组成部分。通过虚拟实验软件，学生可以在模拟的实验环境中进行实验操作，探索科学知识。与传统的实验相比，虚拟实验具有成本低、安全性高、操作灵活等优势，能够帮助学生在没有实验室条件的情况下进行实验操作，并且能够进行多次重复实验以加深对实验原理的理解。教师可以根据课程内容和学生的学习需求选择合适的虚拟实验软件，并结合课堂教学，引导学生进行实验操作，促进他们对科学知识的掌握和理解。

其次，模拟软件也是数字化学习环境下的重要工具之一。利用模拟软件，教师可以将抽象的知识转化为具体的图形、动画等形式，帮助学生理解和记忆。模拟软件可以模拟各种复杂的现象和过程，如物理运动、化学反应、生物进化等，使学生可以通过可视化的方式观察和理解。通过观察模拟过程，学生可以更直观地理解抽象的概念和原理，加深对知识的印象，提高学习效果。教师可以根据课程内容和学生的学习需求选择适合的模拟软件，并结合课堂教学进行展示和讲解，激发学生的学习兴趣和动力。

2. 实施个性化学习路径

在数字化学习环境下，实施个性化学习路径是提高教学效果和学生学习体验的关键之一。通过智能学习系统和诊断评估工具，教师可以根据学生的学习需求和能力水平，设计和调整个性化的学习路径，从而更好地满足学生的学习需求，提高学习效果。

　　首先，智能学习系统是实施个性化学习路径的重要工具之一。智能学习系统基于人工智能和大数据技术，可以根据学生的学习情况和反馈，自动调整学习内容和难度，实现个性化教学。通过分析学生的学习行为、学习进度和学习成绩等数据，智能学习系统可以为每个学生量身定制适合其需求的学习路径。例如，系统可以根据学生的学习表现，推荐适合其水平的学习资源或练习题，同时提供个性化的学习指导和反馈。这样一来，学生可以根据自己的学习能力和学习进度，进行有针对性的学习，提高学习效率和学习成绩。

　　其次，诊断评估工具也是实施个性化学习路径的重要手段之一。教师可以通过在线评估工具，对学生的学习情况进行诊断和评估，及时调整教学策略，提高教学效果。通过诊断评估，教师可以了解学生的学习能力、学习风格和学习习惯等，从而更好地把握学生的学习需求和特点。基于评估结果，教师可以为学生量身定制个性化的学习计划和学习任务，提供有针对性的学习指导和支持。同时，教师还可以利用评估结果，调整课程设置和教学方法，更好地满足学生的学习需求，提高教学质量和效果。

三、教学案例分析

　　在全球化日益加强的大背景之下，英语学习中口语交际问题受到了更加广泛的重视和关注，尤其是学生在学习英语知识时对口语交流能力的提升，同时这也成为本案例的一个重要研究方向。案例以此为出发点，对信息技术支持下的大学生口语教学方法进行详细探究。

（一）教学的现状及原因

1. 教学发展与现状分析

（1）教育条件的改善

　　在当今社会，教育条件的不断改善是教学发展的重要方面之一。随着科技的进步，教学设施和教材质量的提升对于学生的学习起着至关重要的作用。

　　首先，教学设施的改善是现代教育的重要组成部分。现代化的教室配备了先进的多媒体设备，如投影仪、电子白板等，这些设备使得教师可以更生动地呈现教学内容，激发学生的学习兴趣。

　　其次，教材质量的提升也是教育条件改善的重要体现。随着教材的不断更新和完善，学生接触到的知识更加丰富和全面。优质的教材不仅可以帮助学生理解知识，还可以激发他们的思维，培养他们的创新能力和实践能力。

（2）口语教学质量不尽如人意

尽管教育条件得到了改善，但大学生口语教学仍然存在诸多问题。学生在英语学习过程中的口语表达能力未达到预期水平，这在很大程度上影响了他们的学习效果和就业竞争力。

首先，学生缺乏实践机会是口语教学质量不佳的重要原因之一。在传统的教学模式下，口语练习往往被忽视，学生缺乏与外语环境进行真实交流的机会，导致他们的口语能力得不到有效提升。

其次，教师在口语教学中的角色和方法也需要进一步完善。一些教师缺乏针对性的教学方法，过于依赖传统的课堂讲授，缺乏足够的互动和实践环节，这对于学生的口语提高并不利。

（3）学习效果偏低

学生在英语口语学习中出现"哑巴英语"的现象，这意味着他们在面对面交流时表达不流利，甚至因为担心口语错误而沉默不语。这一现象的出现与多种因素有关。

首先，学生缺乏自信心是学习效果偏低的重要原因之一。在学习过程中，一些学生由于过于在意他人的评价，担心自己的口语错误会被他人笑话，因此不愿意大胆开口说英语，导致口语能力的提升受到阻碍。

其次，学生缺乏有效的口语训练机会也是学习效果偏低的主要原因之一。在传统的教学模式下，口语训练往往被边缘化，学生缺乏与外国人交流的机会，导致口语能力得不到有效提升。

2.导致现象的原因

（1）传统教学方法的限制

传统的教学方法主要侧重于教师的讲解和学生的被动接受知识。在英语口语教学中，这种方法未能有效激发学生的学习兴趣和积极性。学生只是被动地接受英语朗读，缺乏与语言真实运用相关的实践环节。因此，他们在口语表达方面的能力未能得到充分锻炼和提高。

（2）多媒体设施未合理利用

虽然大多数高校配备了先进的多媒体设施，但在英语课堂上未能得到充分利用。教师可能缺乏对多媒体教学资源的有效开发和利用方法，导致这些设施的潜力未能完全发挥出来。如果这些设施被正确地应用于口语教学中,可以提供更多真实场景的模拟和互动学习的机会,从而有效地提高学生的口语交流能力。

（3）教师本位观念

教师本位观念在一定程度上影响了英语口语教学的质量。在这种观念下,教师往往将自己放在教学的中心位置,忽视了学生的学习需求和进度。教学过程缺乏针对性,缺乏个性化的教学方法,导致学生的学习效果受到了限制。因此,需要转变教师的观念,更加关注学生的学习状态和需求,使教学更加灵活多样化。

（4）学生心理因素

学生的心理因素也是影响口语教学效果的重要原因之一。一些学生可能过于在意自己的口语错误,担心被同学或老师批评或嘲笑,因此在课堂上不愿意开口说英语。这种心理压力会影响学生的自信心和积极性,进而影响他们的口语表达能力的提高。

（二）信息技术支持下大学英语口语教学实践的优势

1. 逐步优化的教学方式

（1）整合信息技术刺激学习兴趣

在当今信息时代,大学生对电子设备有着深入地了解和熟悉。因此,教学中整合信息技术可以成为激发学生对英语学习兴趣的有效途径,同时也能够改变传统的英语教学模式。

①创新教学手段

通过整合信息技术,教师可以利用各种多媒体工具和在线资源,如视频、音频、互动应用程序等,来呈现课程内容。这种创新的教学手段能够使课堂更加生动有趣,吸引学生的注意力,从而提高他们对英语学习的积极性和投入度。

②引入个性化学习

信息技术的整合还能够实现个性化学习的目标。通过使用教育软件和在线学习平台,学生可以根据自己的学习进度和兴趣选择适合自己的学习内容和学习方式,从而更加有效地提高学习效率。

③创造互动学习环境

利用信息技术,可以建立起更加互动和参与度高的学习环境。例如,利用在线讨论平台或虚拟教室,学生可以与老师和同学进行实时的交流和讨论,共同探讨问题,分享见解,从而促进彼此之间的学习和思考。

（2）生动的教学环境

融合情境化的图文并茂教学方法，为学生提供丰富感官体验，增强对英语学习的投入与兴趣。

①情境化教学设计

通过情境化的教学设计，将课堂内容与学生熟悉的日常生活场景相结合。例如，通过模拟实际情景，如购物、旅行、工作等，让学生在学习英语的过程中感受到语言的实际运用场景，增强学习的实用性和趣味性。

②图文并茂的教学材料

利用丰富的图文资源，如图片、视频、漫画等，来辅助教学，能够使学习内容更加生动形象，引起学生的兴趣和好奇心。同时，图文并茂的教学材料也能够满足不同学生的学习风格和需求，提高教学的灵活性和多样性。

③创设愉悦学习氛围

通过营造轻松愉悦的学习氛围，如利用音乐、游戏等元素，使学生在学习英语的过程中感受到快乐和成就感，从而更加主动地投入到学习中去，提高学习效果。

2.突出学生主体地位

（1）丰富的学习资源

合理运用信息技术，让学生接触到更多英语口语学习资源，从被动接受转为主动学习，使其成为教学的主体。

①创造多样化的学习环境

通过信息技术，教师可以为学生提供丰富多样的学习资源，如在线视频、网络课程、语音资料等，让学生可以根据自己的兴趣和需求选择适合自己的学习内容，从而激发其主动学习的动力和兴趣。

②引导个性化学习

利用信息技术，教师可以根据学生的学习水平和特点，为其量身定制学习计划和教学资源，满足不同学生的学习需求，提高其学习效果和成就感，使其在学习过程中更加主动地参与和探索。

③提供实践机会

除了传统的课堂教学，信息技术还可以为学生提供更多的实践机会，如在线语音交流平台、语音识别软件等，让学生在真实的语言环境中实践和应用所学的知识，从而加深对英语口语的理解和掌握，提高口语表达能力。

（2）提升学生参与度

利用多媒体资源如影视、录音等，创设灵活生动的英语口语教学课堂，激发学生积极参与英语口语学习的意愿。

①制作精彩的教学素材

教师可以利用信息技术制作精彩的教学素材，如配有英文字幕的影视片段、生动有趣的故事、地道的英语口语对话等，吸引学生的注意力，激发他们的学习兴趣和参与欲望。

②设计互动性教学活动

通过信息技术，教师可以设计各种互动性的教学活动，如小组讨论、角色扮演、情景模拟等，让学生在参与交流的过程中积极思考、表达观点，从而提高口语表达能力和沟通能力。

③提供实时反馈

利用信息技术，教师可以为学生提供实时的反馈和指导，帮助他们及时发现和纠正口语表达中的错误和不足，激励他们持续改进和提高，从而增强学生的学习动力和信心。

3. 创设积极的教学情境

（1）建构主义学习环境

根据建构主义理论，创设真实的英语口语交际情境，促进学生英语知识的构建与应用。

①学习环境设计

教师可以通过布置真实场景和情境，如商店购物、旅行交流等，营造出与学生日常生活相关的学习环境，让学生在真实的语言情境中进行学习和交流，从而更加深入地理解和应用所学的英语知识。

②学习活动设计

在创设的学习环境中，教师可以设计各种交际活动，如角色扮演、情景模拟、小组讨论等，让学生在与同伴互动的过程中积极参与、合作探索，从而促进他们对英语口语的学习和应用。

③学习评价方式

教师可以通过观察学生在情境中的表现、听取他们的交流成果或作品，以及提供针对性地反馈和建议，来评价学生的口语表达能力和语言运用水平，从而指导他们进一步学习和提高。

（2）情景再现

通过信息技术，利用声、形、光等元素还原真实的英语口语交际场景，增强学生对口语知识的理解与应用。

①多媒体教学资源

教师可以利用多媒体资源，如视频、音频等，展示真实的英语口语交际场景，让学生通过观看、倾听的方式感受到真实语境下的语言使用情况，从而加深对口语知识的理解。

②虚拟实境技术

利用虚拟实境技术，教师可以模拟各种真实的英语口语交际场景，如商务会谈、旅行问路等，让学生在虚拟环境中进行体验和实践，从而增强他们的口语交际能力和应对能力。

③交互式学习工具

通过交互式学习工具，如语音识别软件、在线语音交流平台等，教师可以为学生提供实时的口语练习和反馈，帮助他们不断地调整和提高口语表达能力，达到更好的学习效果。

4. 消除学生心理障碍

（1）人机交互减轻焦虑

利用虚拟交流方式，如人机交互，减轻学生在学习中的焦虑与紧张，提升学习效果。

①创建安全学习环境

人机交互可以为学生提供一个相对安全、无压力的学习环境，他们可以在不受他人评价的情况下自由地练习口语，从而减轻焦虑和紧张情绪，更好地专注于学习。

②自主学习节奏

人机交互允许学生按照自己的学习节奏进行学习，他们可以在自己感到舒适的情况下反复练习，逐渐提升口语表达能力，避免了在真实场景中因紧张而导致表达困难的情况。

③提供实时反馈

通过人机交互系统提供的实时反馈,学生可以及时了解自己的口语表达情况,发现并改正错误,增强自信心,从而更加积极地投入到学习中去。

（2）提升自信心

通过声音模仿系统等工具,让学生参与配音练习,增强其口语表达能力,从而消除心理障碍。

①提供安全练习场所

声音模仿系统提供了一个安全的练习场所,学生可以在不受他人干扰和评价的情况下大胆尝试,从而逐渐提升口语表达能力,增强自信心。

②渐进式练习

声音模仿系统通常会提供一系列的练习内容,从简单到复杂,从容易到困难,学生可以根据自己的实际情况选择适合自己的练习内容,逐步提升口语表达能力,增强自信心。

③鼓励与正向反馈

教师在学生参与配音练习时,应该给予积极的鼓励和正向的反馈,帮助学生建立起正确的自我认知和自信心,激发他们继续学习的动力和信心。

（三）信息技术支持下大学英语口语教学设计

1. 确定大学英语口语教学主题

（1）分析现状与需求

在信息技术支持下,教师可以详细了解大学英语口语教学现状,并分析学生的实际需求。通过调查问卷、学生反馈等方式,了解学生对口语教学的期望和需求,为确定合适的口语教学主题提供依据。

（2）设定真实的口语情境

教师应突出英语口语教学主题的真实意义,选取与学生生活密切相关的话题,如"感恩节"。通过这样的主题,学生不仅可以学习到与节日相关的英语口语表达,还能深入了解中西方文化差异,增强口语交际的实用性和生活性。

（3）教学主题的重要性

教师应强调英语口语教学主题的重要性,使学生明确口语教学的目的和意义,从而激发学生的英语口语交际欲望,提高其参与学习的积极性和主动性。

2. 及时准确地收集英语口语教学素材

（1）寻找多样化的教材

在确定英语口语教学素材的途径时，教师需要考虑到学生的学习需求、兴趣爱好以及实际应用场景。除了传统的教科书和课堂教学资料外，影视英语口语学习资源是一种极具潜力的选择。通过利用影视片段、电视节目等资源，教师能够为学生提供多样化、生动有趣的英语口语学习体验。

影视资源作为英语口语教学的辅助工具，具有以下几个方面的优势。首先，影视资源具有高度的真实性和情感性。电影和电视节目往往能够生动地展现真实的语言交流情境，让学生在观影的过程中仿佛置身于英语国家的生活环境中，从而更加深入地理解和感受到英语口语的使用方式和场景特点。其次，影视资源的多样性和丰富性能够满足不同学生的口语学习需求。教师可以根据学生的水平和兴趣选择不同类型、不同难度的影视片段，以满足学生的个性化学习需求，提高学习的针对性和有效性。再次，影视资源具有高度的吸引力和趣味性。相比于传统的教科书，影视资源更能够吸引学生的注意力，激发其学习兴趣和积极性。通过观看精彩的电影片段或有趣的电视节目，学生不仅能够轻松愉快地学习英语口语，还能够在娱乐中不知不觉地提高自己的口语表达能力和交际技巧。

（2）利用影视资源

利用影视资源作为英语口语教学的辅助工具，是一种极具潜力的方法。影视资料能够生动地展现真实的英语口语交际场景，同时具有强大的娱乐功能，能够吸引学生的注意力，激发其学习兴趣和积极性。在英语口语教学中，教师可以巧妙地选择与特定主题相关的影视片段，例如与感恩节相关的片段，从而让学生在轻松愉快的氛围中学习英语口语。

首先，影视资源能够提供真实的口语交际情境。通过观看影视片段，学生可以接触到各种真实的英语口语交流场景，包括日常生活中的对话、社交场合中的互动、职场环境中的交流等。这些场景往往更加贴近学生的实际生活，能够帮助他们更好地理解和掌握英语口语表达方式，增强其口语交际能力。

其次，影视资源具有强大的吸引力和趣味性。相比于传统的教科书和课堂教学，影视资源更具有趣味性和视听效果，能够吸引学生的注意力，激发其学习兴趣。在观看影视片段的过程中，学生不仅能够享受到视觉和听觉上的愉悦，还能够在娱乐中学习，提高自己的口语表达能力和交际技巧。

针对与特定主题相关的影视片段，例如与感恩节相关的片段，教师可以设计多种形式的教学活动。比如，教师可以提前向学生介绍感恩节的背景和相关的英语口语表达，然后播放与感恩节相关的影视片段，让学生通过观看并分析片段中的对话和情景，学习到与感恩节相关的英语口语表达。同时，教师还可以设计讨论和角色扮演等活动，让学生在模拟的情景中运用所学的口语表达方式，加深对英语口语的理解和掌握。

（3）开展轻松愉快的教学活动

开展轻松愉快的教学活动对于英语口语教学至关重要。教师可以通过让学生选择朋友作为教学资源，以促进学生之间的自然交流，从而实现英语口语的自然表达。这种方法为学生提供了最佳的英语口语学习素材，同时也能够增强学生的学习兴趣和参与度。

首先，让学生选择朋友作为教学资源能够为英语口语教学注入更多的真实性和情感性。与陌生人之间的交流相比，朋友之间的对话更加自然、真实，更容易引发学生的兴趣和参与度。学生在与朋友之间进行轻松的对话时，不仅能够更加自然地运用所学的英语口语知识，还能够体验到真实的语言交流情境，从而更好地理解和掌握英语口语表达方式。

其次，通过朋友之间的对话，学生可以接触到各种不同的口语表达方式和交际技巧。朋友之间的对话往往更加多样化和灵活，涉及各种日常生活中的话题和情境，如聊天、打趣、分享心情等。学生通过观察和模仿朋友之间的对话，能够学习到丰富多彩的口语表达方式，提高自己的口语交际能力和沟通技巧。

利用朋友之间的对话作为教学素材还能够增强学生的参与度和自信心。在与朋友之间进行对话的过程中，学生会感到更加放松和自在，不会有过多的压力和紧张感，从而更加愿意参与到口语教学活动中来。通过积极参与和实践，学生能够逐渐提高自己的口语表达能力，并逐步建立起对英语口语学习的信心和兴趣。

3. 积极地付诸具体的实践

（1）采取合理的措施解决交际问题

针对学生在口语交际中存在的问题，教师应该采取合理的措施进行改善，以提高他们的口语交际能力。通过开展视频教学、电话教学等方式，可以有效地锻炼学生的实际口语交际能力，使他们更快地掌握英语口语交际技能。

首先，采用视频教学是一种有效的教学手段。教师可以通过播放各种真实的英语口语交际视频，让学生观看并模仿其中的口语表达方式和交际场景。这样的视频教学能够让学生更直观地了解英语口语交际的实际情况，增强他们的学习动力和自信心。通过观看高质量的口语交际视频，学生可以积累丰富的口语表达素材，提高自己的口语表达能力和语感。

其次，电化教学也是一种有效的教学方法。教师可以利用各种电子设备和软件平台，设计多样化的口语交际教学活动。例如，通过在线语音交流工具进行实时口语练习，或者利用语音识别技术进行口语测评和反馈。这样的电化教学能够为学生提供更便捷、更个性化的口语学习体验，同时也能够提高学生的学习效率和成果。

教师还可以通过组织口语交流活动、角色扮演演练等方式，激发学生的口语表达兴趣，提高他们的口语交际能力。例如，组织学生进行英语辩论、英语演讲比赛等活动，让学生在真实的交流环境中锻炼口语表达能力，提高自己的口语表达水平。同时，教师还可以利用各种语言游戏、口语训练软件等资源，丰富口语教学内容，激发学生的学习兴趣，提高口语交际效果。

（2）学生的自我调整

学生在英语口语教学中扮演着至关重要的角色，他们的自我调整和积极配合是提高口语交际水平的关键。学生应该主动配合教师的指导，不断巩固自己的口语基础，以及提高英语口语交际水平。只有通过实践和不断地学习，才能真正提高口语表达能力。

首先，学生应该保持学习的积极态度。积极的学习态度是学习的基础，也是取得进步的关键。学生应该认识到口语交际是一种实践性的活动，需要不断地练习和积累。他们应该主动参与口语教学活动，积极发言、表达自己的观点和想法，从而提高自己的口语表达能力。

其次，学生应该注重口语交际的实际运用。口语交际能力的提高离不开实践，只有在实际的交流情境中，学生才能真正地运用所学的口语知识和技巧。因此，学生应该多参加口语交流活动，与同学、老师或外国友人进行交流，积累口语表达经验，提高自己的口语交际水平。

再次，学生还应该注重自我反思和总结。在口语交际活动之后，学生应该及时对自己的表现进行反思和总结，找出存在的问题和不足之处，并积极采取措施加以改进。他们可以借助教师的指导，进行口语练习和模拟对话，不断地提高自己的口语表达能力。

最后，学生应该注重口语技巧的学习和应用。口语交际不仅仅是简单地说出单词和句子，还涉及语速、语调、语气、表情等多方面的技巧。因此，学生应该认真学习口语技巧，如礼貌用语、交际策略等，灵活运用于实际的口语交际中，提高自己的口语表达效果。

第二节 教学资源的获取和利用方法

一、教学资源的种类

在大学英语教学中，教学资源的种类多种多样。

（一）教科书与教辅材料

在大学英语教学中，教科书与教辅材料是不可或缺的资源。它们提供了系统的知识框架和学习内容，帮助学生建立起扎实的语言基础。教科书通常包括主教材和辅助教材两部分，而教辅材料则针对特定学习目标和能力提升，如语法、词汇、听力等方面提供额外的训练和辅助学习资料。这些材料不仅包含了课文和练习，还提供了教学指导和答案解析，为学生的学习提供了有效的支持和指导。

1. 主教材

主教材通常是课程的核心教材，涵盖了各个语言技能的训练内容，如听、说、读、写等。它们按照一定的教学大纲和教学目标编写，内容丰富、结构清晰，适合作为课堂教学的主要参考资料。主教材通常包括课文、词汇表、语法讲解、练习题等，帮助学生系统地学习和掌握英语知识和技能。

2. 辅助教材

辅助教材是主教材的补充和延伸，旨在帮助学生更好地理解和掌握学习内容。辅助教材的种类多样，如语法书、词汇书、听力训练册等，针对不同的学习需求提供了相应的辅助材料。教师可以根据学生的水平和需求选用适当的辅助教材，为他们的学习提供更多元化的支持和指导。

（二）多媒体资料

多媒体资料在大学英语教学中扮演着重要角色，它们以视频、音频、图像等形式呈现，可以生动地展示语言使用情景，为学生提供丰富的听力和口语训练。

这些资料不仅可以增加教学内容的多样性和趣味性，还能够激发学生的学习兴趣，提高他们的学习效果。

1. 视频资料

英语电影、纪录片、英语歌曲等视频资料是教学中常用的多媒体资源。通过观看视频，学生可以感受到英语在真实语境中的运用，提高他们的听力理解能力和口语表达能力。同时，视频资料也能够激发学生的学习兴趣，使他们更加主动地参与到学习过程中。

2. 音频资料

英语听力材料是学生训练听力技能的重要资源，如英语广播节目、英语对话录音等。通过听音频资料，学生可以锻炼自己的听力和理解能力，提高对英语语音和语调的感知，为日后的口语表达打下坚实的基础。

3. 图像资料

图像资料可以是图片、图表、地图等形式，用于辅助教学内容的呈现和理解。图像资料通常与课文或教学主题相关联，通过视觉形式向学生展示相关信息，帮助他们更直观地理解学习内容，提高学习效率。

（三）网络资源

随着互联网的普及，网络资源在大学英语教学中发挥着越来越重要的作用。网络资源包括在线课程、学习网站、电子图书馆等，为学生提供了丰富的学习资料和交流平台，极大地丰富了教学内容和教学方法。

1. 在线课程

在线课程提供了灵活的学习方式，学生可以根据自己的时间和需求选择合适的课程进行学习。这些课程涵盖了各个语言技能的训练内容，如听、说、读、写等，为学生提供了系统、全面的学习体验。

2. 学习网站

学习网站是获取各种学习资料和资源的重要渠道，如英语学习网站、在线词典、语法查询网站等。学生可以在这些网站上找到丰富的学习资源，如学习视频、练习题、学术论文等，为他们的学习提供了便利和支持。

3. 电子图书馆

电子图书馆是学生获取电子书籍和学术论文的重要平台，提供了丰富的数字化资源。学生可以通过电子图书馆免费或付费获取各种英语学习资料，如教科书、参考书、学术期刊等，为他们的学习和研究提供了便利。

（四）学术期刊与论文

学术期刊和论文是教师和学生学习和研究的重要参考资料。这些期刊和论文包含了英语教学理论、方法和实践的最新研究成果，为教学提供了理论支持和实践经验。教师可以通过阅读学术期刊和论文了解最新的教学理念和方法，为教学设计和实践提供参考。学生则可以通过阅读相关论文，深入了解英语教学的专业知识，提升自己的学术水平。

1. 学术期刊

学术期刊是学术界重要的交流平台，包括了各种英语教学领域的研究成果和理论探讨。这些期刊涵盖了教学方法、语言技能训练、教学评估等方面的研究内容，为教师和学生提供了丰富的学术资源。

2. 学术论文

学术论文是学者们对特定问题进行深入研究和探讨的成果，通常包括理论分析、实证研究、案例分析等内容。教师和学生可以通过阅读学术论文了解最新的研究成果和学术观点，为他们的教学和学习提供理论支持和实践指导。

（五）教学活动设计

教学活动设计是教师根据教学目标和学生需求设计的各种教学活动，旨在促进学生的主动参与和互动交流，培养他们的语言能力和交际能力。以下是常见的教学活动设计：

1. 角色扮演

通过角色扮演，学生可以扮演不同的角色，模拟真实情境进行语言交流。这种活动可以帮助学生更好地运用所学知识，提高他们的口语表达能力和交际能力。

2. 小组讨论

小组讨论是一种集体思考和合作交流的教学活动，通过小组讨论，学生可以分享观点、交流想法，拓展思维，培养团队合作意识和沟通能力。

3. 任务型活动

任务型活动是以任务为导向的教学活动，要求学生在完成任务的过程中运用所学知识和技能。这种活动注重学生的实际运用能力和解决问题的能力，能够激发学生的学习兴趣和动力。

二、教学资源的来源

教学资源的来源广泛，主要包括以下几个方面。

（一）学校图书馆

学校图书馆是教学资源的重要来源之一，它提供了丰富的书籍、期刊、论文等资源，支持教师和学生的学习和研究活动。在学校图书馆，可以找到各个学科领域的相关书籍和期刊，涵盖了广泛的教学内容和研究领域。教师和学生可以通过图书馆借阅或阅览这些资源，获取所需的教学材料和信息，支持教学和学习活动的开展。

1.学科专业书籍

学校图书馆收藏了大量的学科专业书籍，涵盖了各个学科领域的理论和实践内容。教师可以通过图书馆获取与自己教学内容相关的学科专业书籍，为课堂教学提供理论支持和实践指导。学生也可以通过图书馆获取与自己学习内容相关的学科专业书籍，深入学习和研究所需的知识。

2.学术期刊和论文

学校图书馆订阅了各种学术期刊和电子数据库，提供了丰富的学术期刊和论文资源。这些学术期刊和论文涵盖了最新的研究成果和学术动态，为教师和学生提供了学术交流和研究的平台。教师和学生可以通过图书馆获取学术期刊和论文，了解最新的研究成果和学术观点，为教学和学习提供参考和借鉴。

3.参考书和教材

学校图书馆还收藏了各类参考书和教材，包括教学参考书、教学方法书、课程设计书等。这些参考书和教材为教师和学生提供了丰富的教学资源，支持教学设计和教学实践。教师可以通过图书馆获取各类参考书和教材，参考其教学内容和方法，提升自己的教学水平。

（二）在线平台

随着互联网的发展，各种在线平台成为获取教学资源的重要途径之一。这些在线平台提供了丰富的电子资源，包括电子书籍、学术期刊、论文数据库等，为教师和学生提供了便利的学习和研究环境。

1.学校教学平台

许多学校建立了自己的教学平台，提供了在线课程、教学资源和学习工具等。教师可以通过学校教学平台上传课件、发布作业、进行在线交流等，支持课堂教学和学习活动的开展。学生也可以通过学校教学平台获取课程资料、参与在线学习和讨论，提升学习效果和成绩。

2. 在线图书馆和学术数据库

在线图书馆和学术数据库是获取学术期刊和论文的重要平台，包括了各种学术资源和研究成果。教师和学生可以通过在线图书馆和学术数据库搜索、浏览和下载所需的学术期刊和论文，了解最新的研究成果和学术动态，为教学和学习提供支持和参考。

3. 开放式在线课程平台

开放式在线课程平台提供了丰富的在线课程资源，包括各种学科领域的课程和学习资源。教师和学生可以通过开放式在线课程平台免费或付费获取各种在线课程，自主学习和提升自己的知识和技能。这些平台为教师和学生提供了灵活的学习方式和丰富的学习资源，支持个性化学习和教学。

（三）学术会议和研讨会

学术会议和研讨会是教师和学生获取最新教学资源和交流学术经验的重要渠道之一。这些会议汇聚了来自各个学科领域的专家学者，提供了最新的教学理论和实践经验，以及最新的研究成果和学术动态。

1. 学术研讨会

学术研讨会是学者们交流学术成果和分享研究经验的重要场合，通常由学术机构、学会或学校组织举办。在学术研讨会上，专家学者们会就特定主题展开讨论，分享最新的研究成果和学术观点，为教师和学生提供学术交流和思想碰撞的平台。

2. 教学工作坊

教学工作坊是教师们交流教学经验和分享教学方法的场所，旨在提升教学质量和效果。在教学工作坊中，教师们可以分享自己的教学设计、教学实践和教学反思，探讨教学中的挑战和解决方案，共同探讨教学方法和策略，提升教学水平和教学效果。

3. 学术交流会议

学术交流会议是学者们交流学术观点和研究成果的重要平台，也是获取最新教学资源和信息的重要途径之一。在学术交流会议上，专家学者们通常会就特定主题进行学术报告和讨论，分享最新的研究成果和学术发现，为教师和学生提供

133

学术启示和借鉴。

（四）教师和同行的分享与交流

教师和同行之间的分享与交流是获取教学资源的重要途径之一。教师可以通过与同行交流、参加教学研讨会等方式获取教学资源，并与其他教师共享自己的教学设计和经验。这种分享与交流的方式能够促进教学资源的共享和传播，丰富了教学内容和方法，提高了教学质量和效果。

1. 教学研讨会和讲座

教学研讨会和讲座是教师们分享教学经验和交流教学方法的平台，通常由学校、教育机构或教育研究中心组织举办。在教学研讨会和讲座上，教师们可以就特定教学主题展开讨论，分享自己的教学心得和实践经验，学习他人的教学方法和策略，共同探讨教学问题和解决方案。

2. 教学社区和网络平台

教学社区和网络平台为教师们提供了在线交流和分享的平台，教师们可以在这些平台上发布教学资源、分享教学经验、讨论教学问题等。教师可以通过参与教学社区和网络平台的交流活动，获取他人分享的教学资源和信息，借鉴他人的教学经验和方法，提升自己的教学水平和教学效果。

第七章 大学英语教学学生参与互动

第一节 学生参与互动在大学英语教学中的作用

一、参与式教学的内涵

（一）参与式教学的起源和理论基础

1. 参与式教学的起源

参与式教学最初源于英国的一套社会学理论，在 20 世纪后期被引入教学领域，成为国际上广泛倡导的一种教学方法。随着 20 世纪 80 年代主体性教育的兴起，启发式、探究式、讨论式以及参与式教学逐渐受到人们的重视。

2. 参与式教学的理论基础

启发式、探究式、讨论式和参与式教学都以学生为中心，旨在转变传统的"填鸭式"教育，让学生从被动学习转变为主动学习，充分发挥其主观能动性。这些教学方法的核心思想是通过激发学生的兴趣和参与，促进其深度学习和思维能力的发展。

3. 教学方法的相通性

启发式、探究式、讨论式和参与式教学在方法上有着相通之处，可以相互结合，共同促进教学。它们都注重学生的主动参与和思维活动，从而达到更有效地教学效果。

（二）参与式教学的核心理念和实践要求

1. 学生与教师的角色转变：教学活动的重要参与者

在参与式教学中，学生与教师的角色转变成为教学活动的重要参与者，这标志着教学模式的根本性变革。教师不再是传统意义上的单方面的知识传授者，而是扮演着教学活动的组织者和引导者的角色。他们的任务不仅仅是向学生传授知识，更重要的是要协助学生制定教学目标、引导他们实施教学活动，并帮助他们实现这些目标。

在传统的教学模式中，教师往往扮演着主导者的角色，主要是通过讲述、演示等方式向学生传授知识。而在参与式教学中，教师的角色发生了转变，他们更多地成了学习的促进者和引导者。教师应该与学生进行密切地互动，了解他们的学习需求和兴趣，从而更好地指导学生的学习活动。在这个过程中，教师不仅要注重知识的传授，还要培养学生的思维能力、创造力和解决问题的能力。

同时，在参与式教学中，学生也扮演着至关重要的角色。他们不再是被动接受知识的对象，而是教学活动的积极参与者。学生应该充分发挥自己的主观能动性，通过参与各种教学活动，积极地构建自己的知识体系。在这个过程中，学生不仅仅是接受知识，更重要的是要思考、讨论、实践，从而更好地理解和应用所学的知识。

教师与学生在参与式教学中的角色转变，使得教学活动变得更加灵活和多样化。教师不再是简单地向学生灌输知识，而是通过引导和激发学生的学习兴趣和主动性，帮助他们实现个人的学习目标。而学生也不再是被动地接受知识，而是通过参与式的学习活动，主动地构建自己的知识体系，提高自己的学习能力和综合素养。

2. 教学实践的核心：学生的积极参与和体验

在参与式教学中，教学实践的核心在于学生的积极参与和体验。这种教学模式强调学生不再是被动接受知识的接受者，而是教学活动的积极参与者和主体。教师的任务是引导学生积极主动地参与教学过程，从而使他们成为教学的主体，实现真正地学习。

在课堂上，教师扮演着引导者的角色。他们应该通过设计多样化、启发性的教学活动，激发学生的学习兴趣和主动性。教师不再是简单地向学生传授知识，而是通过引导和激发学生的思维和探索，帮助他们建构知识体系，培养自主学习的能力。在教学过程中，教师应该关注每个学生的学习需求和兴趣，灵活调整教学方法和策略，以促进学生的全面发展。

而学生在参与式教学中则扮演着积极参与的角色。他们应该充分发挥自己的主观能动性，积极参与各种教学活动，包括讨论、实验、项目设计等。通过亲身实践和体验，学生能够更深入地理解和掌握所学知识，同时培养解决问题的能力和团队合作精神。在这个过程中，学生不仅仅是被动地接受知识，更重要的是要思考、讨论、探索，从而达到学习的真正目的。

因此，参与式教学的核心在于学生的积极参与和体验。教师与学生共同构建起一个积极、活跃的学习环境，在这个环境中，学生不仅仅是知识的接受者，更是知识的创造者和实践者。教师作为引导者，应该注重引导学生的学习动机和兴趣，促进其主动参与教学活动；而学生则应该积极响应，勇于探索，充分发挥自己的潜能，实现个人的学习目标。

3. 教师的重要角色：精心策划和积极引导

在参与式教学中，教师的角色至关重要，其核心任务之一是精心策划和积极引导教学活动。参与式教学要求教师充分发挥主导作用，通过精心设计的教学活动，为学生创造积极、成功的学习体验。因此，教师在参与式教学中扮演着组织者、设计者和引导者的角色，其职责不仅限于知识传授，更在于激发学生的学习兴趣和动力。

首先，教师应认真分析教材，深入理解教学内容的本质和要点。通过对教材的透彻理解，教师可以更好地把握教学的重点和难点，为教学活动的设计提供有效的指导。同时，教师还需要结合学生的实际情况，考虑到学生的年龄、兴趣、能力水平等因素，以便更好地满足学生的学习需求和期望。

其次，教师应精心策划教学活动，设计具有挑战性和启发性的教学内容。在设计教学活动时，教师应考虑到学生的学习特点和心理需求，选择适合学生发展水平的教学方法和工具。教师可以采用多样化的教学手段，如案例分析、小组讨论、角色扮演等，激发学生的兴趣和参与度，从而达到更好的教学效果。

最后，教师在教学过程中应积极引导学生，帮助他们克服困难，提高学习效果。教师应注重与学生的互动和沟通，及时解答学生的疑问，给予积极地反馈和鼓励。同时，教师还应鼓励学生主动探索和思考，培养其自主学习的能力和创新精神。

二、学生参与互动在大学英语教学中的作用

学生参与互动在大学英语教学中扮演着至关重要的角色，其重要性和影响体现在以下几个方面。

（一）激发学习动机与积极性

1. 提升学习兴趣

学生参与课堂互动是激发他们的学习兴趣和主动性的重要途径之一。通过积

极参与讨论、提出问题等方式，学生能够更加深入地理解学习内容，从而增强对英语学习的兴趣，提升学习的动机和积极性。

2. 增强学习体验

参与互动的学生往往能够更加积极地投入到课堂活动中，他们通过与教师和同学的互动，不仅能够获得知识，还能够体验到学习的乐趣和成就感，从而更加愿意投入到学习中去。

（二）促进合作与交流

1. 提升语言交际能力

课堂互动不仅是学生与教师之间的交流，更是学生之间合作与交流的重要平台。通过小组讨论、合作项目等形式，学生能够积极分享观点、交流想法，从而提升他们的语言交际能力，更加自信地运用英语进行交流。

2. 培养团队合作能力

在课堂互动中，学生需要与同学合作完成各种任务，这有助于培养他们的团队合作能力和协作精神。通过与同学共同探讨、解决问题，学生能够学会团队合作的重要性，并在实践中提升团队协作能力。

（三）提高教学效果与学习成效

1. 实现个性化教学

学生的参与互动为教师提供了了解学生个性化需求的重要渠道。教师可以通过与学生的互动，了解他们的学习情况和需求，从而调整教学方法和内容，实现个性化教学，提高教学效果。

2. 提升学生学习成绩

学生积极参与课堂互动，能够更好地理解和掌握学习内容，提高学习效果，进而提高学习成绩。通过与教师和同学的互动，学生能够及时解决学习中的困惑，加深对知识的理解，从而在考试中取得更好的成绩。

三、如何促进学生积极参与和有效互动

（一）创设积极互动的课堂氛围

为了促进学生的积极参与和有效互动，教师应该创设积极互动的课堂氛围。在教学过程中，教师可以采用鼓励式的教学风格，给予学生充分地表达自己观点的机会，鼓励他们提出问题、发表意见，从而激发学生的学习热情和积极性。

1. 建立良好的师生关系

（1）建立信任关系

教师应该与学生建立良好的师生关系，让学生感受到自己的尊重和关怀。通过与学生的交流互动，教师可以表现出对学生的信任和支持，建立起积极的师生关系。

（2）平等对待

在课堂上，教师应以平等的姿态对待每一位学生，尊重他们的个性和特点。不偏袒某些学生，而是给予每个学生平等的关注和机会，让每个学生都能感受到被尊重和重视。

2. 鼓励自由表达

（1）设立开放式问题

教师可以在课堂上设立开放式问题，鼓励学生自由表达自己的观点和想法。这样的问题能够激发学生思考，引导他们展开讨论，提高课堂的互动性。

（2）倡导多样化表达形式

除了口头表达，教师还可以倡导学生利用其他形式进行表达，如书面作业、小组讨论、演讲等。这样可以满足不同学生的表达习惯和能力，促进课堂互动的多样性和丰富性。

（二）设计多样化的教学活动和任务

教师应该设计多样化的教学活动和任务，以吸引学生的注意力，增加他们的参与度和投入度。

1. 利用小组讨论和合作学习

（1）组织小组讨论

教师可以根据课程内容，将学生分成小组，让他们在小组内就特定话题展开讨论。这种小组讨论能够促进学生之间的交流与合作，提高他们的团队合作能力和语言交际能力。

（2）鼓励角色分工

在小组讨论中，教师可以鼓励学生分工合作，每个小组成员负责不同的任务或角色，如组长、记录员、发言人等，从而促进学生的合作意识和团队精神。

2. 设计启发性的教学活动

（1）案例分析

教师可以设计案例分析活动，让学生分析真实或虚拟的案例，从中获取信息、提出问题、进行讨论和解决问题，培养学生的分析和解决问题的能力。

（2）问题解决

教师可以设置具有挑战性的问题，要求学生通过思考、调查和研究来解决问题，激发他们的思维和创造力，提高解决问题的能力。

（3）游戏互动

教师可以设计各种有趣的游戏活动，如角色扮演、团队竞赛等，通过游戏的形式激发学生的学习兴趣，增加他们的参与度和投入度。

（三）采用互动性强的教学方法和工具

教师可以采用互动性强的教学方法和教学工具，增加课堂的互动性和趣味性，吸引学生的注意力，促进学生的积极参与和有效互动。

1. 利用现代技术手段

（1）使用 PPT

教师可以利用 PPT 制作精美的课件，结合图片、文字、动画等多种元素，呈现生动的课堂内容。通过 PPT，教师可以吸引学生的视觉注意力，使课堂内容更加直观、生动。

（2）播放视频

教师可以选择与课程内容相关的视频素材，在课堂上播放并讨论。视频可以生动地展现语言使用场景，激发学生的兴趣，提高他们的学习积极性。

（3）利用网络课堂

教师可以借助网络课堂平台，开展在线讨论、答题互动等活动。通过网络课堂，学生可以随时随地参与学习，与教师和同学进行互动交流，拓展课堂的时间和空间。

2. 制定互动规则和评价标准

（1）明确互动规则

教师可以在课堂开始时明确告知学生互动的规则，如发言顺序、提问方式等。通过明确的规则，可以有效管理课堂秩序，促进有序地互动交流。

（2）及时反馈评价

教师应该及时对学生的互动行为进行反馈和评价，肯定积极参与的学生，鼓励他们继续发言；对于消极参与或表现不佳的学生，给予适当的指导和建议，激发其学习动力和积极性。

四、基于参与式教学的大学英语教学设计

一般来说，教学设计包括 5 个基本要素：教学任务及对象、教学目标、教学策略、教学过程和教学评价。教学任务是基于教学对象与教材的分析而确定，大学英语教材所选文章涉及学校生活、社会、科技、文化等话题，文章体裁涉及记叙文、说明文、议论文的编排，除了阅读文章，也包括听力、词汇、语法与写作等相关练习。在教学设计中，教师应当根据教学重难点和学生情况合理安排教学任务。

（一）学情分析

学情分析是教学设计的基石，它深入了解学生的学习基础、动机和能力差异，为制定合适的教学任务和策略提供了重要参考。在大学英语教学中，学生的学习特点多种多样，包括但不限于他们的语言水平、学习风格、兴趣爱好等方面的差异。

针对学生的学习基础，教师需要了解他们的英语水平和语言能力。有些学生可能已经掌握了一定的英语基础，而另一些可能需要更多的支持和指导。此外，学生的学习风格也各不相同，有些可能更适应于听力和口语练习，而另一些则更喜欢阅读和写作。因此，教学设计需要考虑到这些差异，以满足不同学生的学习需求。

除了学习基础，学生的学习动机也是教学设计的重要考虑因素。一些学生可能出于兴趣或个人目标而学习英语，而另一些可能是出于必要性或学业要求。了解学生的学习动机有助于教师更好地调动他们的学习积极性，设计能够激发他们兴趣的教学活动和任务。

此外，教师还需要考虑学生的学习能力和学习方式。有些学生可能更善于独立学习，而另一些则更喜欢与他人合作学习。了解学生的学习方式有助于教师选择合适的教学策略和活动，使每个学生都能够发挥自己的潜力，取得更好的学习效果。

（二）形式多样、情境化的教学活动

形式多样、情境化的教学活动对于大学英语教学至关重要，它能够激发学生的学习兴趣，增强他们的参与度，提高学习效果。下面是一些具体的教学活动设计。

1. 听力练习的多样化

（1）音乐欣赏

在课堂中播放流行歌曲或英文歌曲，让学生通过欣赏音乐来提高他们的听力

水平。学生可以尝试听懂歌词，并理解歌曲所传达的情感和主题。

（2）电影片段

播放电影或视频片段，让学生通过观看和倾听来理解片段中的对话和情节。教师可以设计相关问题，引导学生思考并展开讨论，从而加深他们对语言和文化的理解。

（3）演讲听力

邀请学生进行短暂的演讲，或者播放有关不同话题的演讲录音，让学生通过聆听他人的演讲来提高他们的听力技能。教师可以提供听后练习，如总结要点、提出问题等，以加强学生的听力理解能力。

2. 问题情境的构建

（1）情景模拟

设计真实生活场景或虚拟情境，让学生在其中扮演角色并解决问题。例如，模拟餐厅订餐过程或旅行中的交流场景，让学生练习使用英语进行交流和沟通。

（2）案例分析

提供相关案例，让学生分析问题并提出解决方案。案例可以涉及各种实际问题，如环境保护、国际交流等，从而引导学生将所学知识应用到实际情境中去。

3. 情境化的教学活动

（1）社会问题讨论

选择与课文相关的社会问题，如教育、就业、环境等，引导学生进行讨论和思考。通过讨论，学生不仅能够理解课文内容，还能够将其与现实生活联系起来，增强学习的实用性和深度。

（2）科技应用探讨

介绍与科技相关的话题或案例，让学生了解科技对生活和社会的影响。教师可以引导学生探讨科技的优势和挑战，从而培养他们的批判性思维和创新意识。

（三）自我展现与小组合作

1. 自我展现

自我展现是指学生在教学活动中以显性的方式展示自己的知识、技能和能力。通过自我展现，学生不仅能够提升自己的自信心，还能够增强对学习内容的理解和记忆。以下是几种常见的自我展现方式：

（1）口头陈述

学生可以通过口头表达的方式向全班同学展示自己对某一话题或问题的理解和见解。这种形式可以提高学生的口语表达能力，增强他们的表达自信心。

（2）情境表演

教师可以设计一些情景，要求学生在特定的情境下进行角色扮演或表演。通过情景表演，学生不仅可以理解和运用所学知识，还能够培养团队合作和沟通能力。

（4）作品展示

学生可以展示自己的作品，如英语演讲稿、写作作品、视觉作品等。通过展示自己的作品，学生能够展示自己的创造力和想象力，增强对学习的兴趣和投入度。

2. 小组合作

小组合作是指将学生分成小组，在小组内共同完成任务或解决问题的过程。小组合作可以促进学生之间的互动和交流，培养他们的团队合作和协作能力。以下是几种常见的小组合作形式：

（1）讨论小组

教师提出一个问题或话题，要求学生分成小组进行讨论，并最终向全班汇报讨论结果。通过小组讨论，学生可以分享彼此的观点和见解，拓展思维，提高表达能力。

（2）合作项目

教师布置一个综合性的项目，要求学生分组合作完成。比如，学生可以共同策划并制作一份英语主题的海报、PPT 或视频，或者共同完成一篇研究报告等。在合作项目中，学生需要相互协作，分工合作，培养团队精神和责任意识。

（3）角色扮演

教师设计一个情景，要求学生分组进行角色扮演，模拟特定场景下的对话和交流。通过角色扮演，学生可以提高语言表达能力，增强情景模拟和应对能力。

（四）课外自主学习

1. 利用网络资源

在当今数字化时代，网络资源是学生进行课外自主学习的重要途径之一。教师可以向学生推荐一些优质的英语学习网站或应用程序，这些资源包括但不限于在线课程、学习社区、英语学习网站、语言交流平台等。通过这些资源，学生可以获取丰富的学习资料和资源，如英语听力、阅读、写作、口语等方面的练习材料，还可以参与在线讨论、语言交流等活动，从而提高英语应用能力和综合素质。

2. 反思与笔记

课外自主学习不仅仅是获取知识，更重要的是对所学知识进行反思和总结。学生可以通过定期进行学习反思，总结学习心得和体会，发现自己的学习差距和不足之处，并设定下一步的学习目标和计划。此外，学生还可以进行学习笔记，将课堂上学到的知识和所读的材料记录下来，整理成文档或笔记本，方便日后复习和查阅。通过反思和笔记，学生可以加深对知识的理解，巩固学习成果，提高学习效率和学习质量。

（五）激励与评价

1. 教学激励

教学激励是教师引导学生积极参与学习、提升学习兴趣和动力的关键手段。教师可以通过多种途径进行激励，包括言语激励、行为激励和榜样激励。

（1）言语激励

教师可以通过鼓励、称赞和肯定学生的努力和进步来进行言语激励。例如，当学生取得好成绩或者表现突出时，教师可以及时给予赞扬和肯定，激发学生的自信心和学习热情。

（2）行为激励

教师的行为举止和态度也会对学生产生潜移默化的影响。教师可以展现出积极向上的态度，对待每个学生都要平等、关爱、尊重，给予他们足够的信任和支持，从而激励学生积极投入学习。

（3）榜样激励

教师本身也应该成为学生的榜样，展现出专业素养和学习态度。教师可以分享自己的学习经历和成功经验，让学生从中汲取启示和动力，激励他们树立学习的目标和信心。

2. 教学评价

教学评价是对教学过程和学生学习效果进行全面、客观地评估，发现问题、改进方法的重要手段。教师应该根据学生的参与情况和学习效果进行评价，并及时给予反馈和建议。

（1）参与情况评价

教师可以通过观察学生的课堂表现、听取他们的意见和建议，评价学生的参与情况。例如，是否积极回答问题、是否认真完成作业、是否参与小组讨论等。

（2）学习效果评价

教师应该根据学生的学习成绩和表现，评价他们的学习效果。这包括课堂测试、作业质量、课程项目成果等方面。通过评价学生的学习效果，教师可以发现学生的优势和不足，为他们提供针对性地指导和帮助。

第二节　促进学生积极参与的策略和方法

一、促进学生积极参与的具体策略和方法介绍

（一）创设轻松愉快的学习氛围

1.利用幽默风趣的教学方式

（1）适时的笑话和幽默故事

教师可以在课堂上适时地讲一些幽默的笑话或者有趣的故事，以轻松的方式打破紧张的气氛，让学生感到放松和愉悦。这样不仅可以调节课堂氛围，还能够提高学生的注意力和参与度。

（2）有趣的比喻和引用

在解释语言知识或者阐述概念时，教师可以使用一些生动有趣的比喻和引用，让学生能够更加形象地理解和记忆知识内容。这种轻松愉快的学习方式能够增加学生的学习兴趣，使他们更加乐意参与到课堂讨论和活动中。

2.营造活泼轻松的课堂氛围

（1）丰富多彩的课堂布置

教师可以通过改变课堂的布置和装饰，营造一个活泼、轻松的学习环境。例如，可以在课堂里摆放一些植物或者装饰品，使用明亮的色彩，让学生感受到愉悦和舒适。

（2）生动有趣的教学活动和游戏

教师可以设计各种生动有趣的教学活动和游戏，如角色扮演、情景模拟、团队竞赛等，以增加课堂的趣味性和互动性。通过这些活动，学生不仅可以在愉快

的氛围中学习，还能够培养团队合作精神和语言交际能力。

（3）轻松愉快的音乐背景

在课堂上播放一些轻松愉快的音乐，如流行歌曲、轻音乐等，可以营造一个轻松愉悦的氛围，帮助学生放松身心，更好地专注于学习内容。

（二）设计启发性的教学活动

在大学英语教学中，设计启发性的教学活动对于激发学生的学习兴趣、提高他们的参与度和培养他们的创新能力至关重要。以下是几种具有启发性的教学活动：

1. 案例分析

案例分析是一种通过真实生活中的案例来引发学生思考和讨论的教学方法。教师可以选择与课程内容相关的实际案例，让学生分析案例背景、提出问题，并提出解决方案。通过案例分析，学生不仅能够将理论知识应用到实际情境中，还能够培养他们的问题解决能力和创新思维。

2. 问题解决

设计具有挑战性和启发性的问题，让学生积极思考并提出解决方案。这些问题可以是与课程内容相关的实际问题，也可以是一些开放性的问题，需要学生进行深入思考和探索。通过解决问题的过程，学生能够培养批判性思维和创新能力，提高他们的学习兴趣和参与度。

3. 游戏互动

引入各种有趣的游戏和竞赛活动，如语言游戏、角色扮演、团队竞赛等，让学生在游戏中体验学习的乐趣，增强学习的参与度和互动性。这些游戏可以设计成与课程内容相关的活动，通过竞赛和合作的方式，激发学生的学习兴趣和动力，促进他们的语言交际和团队合作能力的发展。

（三）引导积极互动的课堂讨论

1. 小组讨论

小组讨论是一种有组织的学生互动形式，能够激发学生的合作意识和团队精神。以下是一些组织小组讨论的策略。

（1）组建小组

多元组合：教师可以根据学生的不同背景、能力和兴趣将他们分成多元化的小组，以促进跨文化、跨专业的交流和学习。

随机分组：采取随机分组的方式可以避免小组内部的固化和隔阂，增加学生之间的交流和合作。

（2）设定明确任务

明确目标：教师应该明确告知小组讨论的目标和任务，确保学生明白他们需要达到的成果，从而提高讨论的效率和有效性。

分工合作：可以根据讨论的主题或任务将小组内的成员分配不同的角色和责任，如组长、记录员、时间管理员等，促进分工合作，提高效率。

（3）提供指导和反馈

指导方向：教师在小组讨论过程中可以提供必要的指导和引导，帮助学生聚焦讨论的主题，避免偏题或陷入僵局。

定期反馈：教师可以定期对小组讨论的进行反馈，指出优点和不足之处，并给予建设性的意见和建议，帮助学生不断改进。

（4）激励与鼓励

奖励机制：可以设立奖励机制，对表现突出的小组或个人进行奖励，激励他们更加积极地参与讨论和合作。

积极鼓励：教师应该及时给予学生积极的鼓励和肯定，让他们感受到自己的价值和贡献，增强自信心和学习动力。

2. 全班讨论

全班讨论是一种集体性的交流方式，能够促进学生之间的思想碰撞和知识分享。以下是一些组织全班讨论的策略：

（1）提出启发性问题

引导思考：教师应该提出开放性和启发性的问题，激发学生的思维，引导他们深入思考，从而展开有意义的讨论。

多样化话题：可以选择多样化的话题，涵盖不同领域和层次的内容，以满足学生的多样化需求和兴趣。

（2）鼓励多元观点

尊重差异：教师应该尊重学生的多元观点和看法，鼓励他们敞开心扉，勇于表达自己的想法，不断拓展思维边界。

促进交流：可以采取轮流发言或小组讨论的方式，确保每个学生都有机会参与到讨论中来，促进交流和分享。

（3）创设良好氛围

尊重与包容：教师应该创设一种尊重和包容的氛围，让学生感受到自己的言论不受歧视和批判，从而更加积极地参与讨论。

鼓励批判性思维：可以鼓励学生对他人的观点进行批判性思考和评价，从而促进思想碰撞和学术探讨。

（4）整合总结

总结归纳：教师可以及时对讨论的内容进行整合和总结，提炼出主要观点和结论，帮助学生理清思路，加深对知识的理解。

回顾反思：可以邀请学生对讨论过程进行回顾和反思，分享自己的体会和收获，从而加深对学习的认识和体验。

（四）利用技术手段增加互动性

在现代教育中，技术已成为促进学生互动和参与的重要手段。通过在线投票工具和教学平台的在线讨论功能，教师可以有效地增加课堂的互动性和学生的参与度。

1. 在线投票工具

在线投票工具如 Kahoot、Mentimeter 等为教师提供了一种便捷而有趣的方式，可以让学生通过手机或电脑参与投票，从而增加课堂的互动性和趣味性。

（1）设计投票问答环节

生动有趣：利用在线投票工具设计生动有趣的投票问答环节，例如选择题、填空题等，可以激发学生的学习兴趣，吸引他们的注意力。

实时反馈：学生可以实时看到投票结果，了解自己的答案与他人的选择情况，从而增加参与感和紧张感，促进积极参与。

（2）举例引导讨论

案例分析：教师可以设计与课程内容相关的案例或场景，并在投票问答环节中提出相关问题，引导学生通过投票表达自己的观点和看法，从而展开讨论。

激发思考：通过投票结果，可以激发学生对案例的思考和分析，促进他们深入理解和应用课堂知识。

2. 教学平台的在线讨论功能

教学平台的在线讨论功能为学生提供了一个交流和分享观点的平台，可以促进学生之间的互动和交流，增加学习的参与度和深度。

（1）设置课堂讨论话题

开放性问题：教师可以设置开放性的讨论话题，鼓励学生就课程内容、实践经验等展开讨论，激发他们的思维和创造力。

引导探索：通过设置具有挑战性和启发性的问题，可以引导学生主动探索和思考，促进他们的自主学习和发展。

（2）鼓励学生参与

主动交流：教师可以鼓励学生主动参与在线讨论，发表自己的观点和看法，分享学习心得和体会，促进学生之间的交流和合作。

及时回复：教师应及时回复学生的讨论帖子，给予鼓励和建议，激发学生的学习热情，增强他们的学习动力。

（3）提高学习效果

深化理解：通过在线讨论，学生可以与同学和教师进行深入的思想交流和讨论，从而加深对课程内容的理解和掌握。

拓宽视野：学生可以通过与其他同学的讨论交流，了解不同的观点和思维方式，拓宽自己的思维视野，提高综合素养。

（五）提供个性化的学习支持

1. 关注学生个性差异

（1）学习风格和兴趣

多样化方法：了解学生的学习风格和兴趣，根据其喜好和倾向选择相应的教学方法和内容，例如视觉学习者、听觉学习者等。

定期反馈：与学生建立良好的沟通和反馈机制，及时了解他们的学习情况和需求，从而调整教学策略和支持措施。

2 学习能力和水平

个性化辅导：针对学生的学习能力和水平提供个性化的辅导和指导，帮助他们克服困难，提高学习效果。

弹性学习路径：提供灵活的学习路径和资源，让学生根据自己的情况选择合适的学习内容和进度，增强学习自主性。

2. 特异化教学策略

（1）分层教学

差异化教学：将学生根据学习水平和需求分成不同层次的小组，采用不同的教学方法和资源，满足每个学生的学习需求。

个性化辅导：在分层教学中，教师可以更有针对性地进行个性化辅导和支持，帮助学生克服困难，提高学习效果。

（2）个性化学习任务

任务定制：设计个性化的学习任务和项目，让学生根据自己的兴趣和能力选择适合自己的学习内容和方式，增强学习动机和积极性。

自主学习：鼓励学生在个性化学习任务中发挥主动性和创造力，培养其自主学习的能力和意识。

（3）意义与实践

促进学习动机：个性化学习支持可以满足学生的个性需求和兴趣，增强其学习动机和积极性，提高学习效果。

提高学习成效：差异化教学策略能够有效地针对学生的个性差异，提供个性化的学习支持，从而提高学习成效和满意度。

培养综合素养：通过个性化学习支持，学生不仅可以提高学习成绩，还可以培养自主学习能力、批判性思维和团队合作精神。

二、实践中的成功经验分享

（一）制定明确的参与规则和评价标准

1. 设立明确的参与规则

（1）课前准备

在每节课开始之前，教师可以通过课程大纲、在线平台或邮件等途径提前告知学生本节课的主题、预习内容以及可能涉及的问题。这样可以帮助学生提前准备，更好地参与到课堂讨论和活动中。

（2）鼓励提问

教师应该鼓励学生在课堂上提出问题，不论是针对教师讲解内容的澄清还是与课题相关的深入思考。为了促进提问，教师可以设立一个问题箱或者提供匿名提问的机会，让学生感到在提问中没有任何压力。

（3）积极回答问题

学生提出问题后，教师应该积极回应并鼓励其他学生也参与回答。教师可以采用激励机制，例如对于积极回答问题的学生给予表扬或者小礼物，以激励更多的学生参与到课堂互动中。

（4）参与小组讨论

小组讨论是课堂互动的重要形式之一。在小组讨论环节，教师可以将学生分成小组，每个小组讨论一个特定的问题或者任务。教师可以设定时间限制，鼓励学生积极参与讨论，并且轮流记录讨论结果或者向全班汇报。

2. 设定多样化的评价标准

（1）课堂参与度评分标准

为了评价学生在课堂上的参与度，教师可以根据学生的提问、回答问题和小组讨论等形式制定评分标准。可以根据学生的参与频率、质量和深度等方面进行评价，为不同形式的参与设立相应的评分范围。

（2）课堂讨论评价标准

对于课堂讨论，教师可以根据学生的发言内容、逻辑思维、表达能力等方面进行评价。例如，评价学生的发言是否与课题相关、是否能够提出合理的观点、是否能够对其他同学的观点进行建设性地回应等。

（3）小组项目评价标准

针对小组项目，教师可以评价学生的团队合作能力、项目成果质量等方面。例如，评价学生在小组中的角色分工是否合理、是否能够有效地协作完成任务、最终成果是否符合预期等。

（4）反馈机制

除了定期的评分之外，教师还应该给予学生及时地反馈。无论是课堂上的表现还是作业成绩，学生都应该及时知道自己的优点和不足之处，以便及时调整学习策略和提高参与度。

（二）提供丰富的学习资源和支持

1. 提供多样化的教学资料

（1）教科书

教师应该选择与课程内容和学生水平相适应的教科书作为主要教学资料。教科书应该内容全面、结构清晰，并且提供了丰富的例题和练习，以帮助学生理解和巩固所学知识。

（2）课件

教师可以准备精心设计的课件，用于辅助教学。课件应该简洁清晰，重点突出，图文并茂，以吸引学生的注意力，加强教学效果。同时，教师还可以将课件分享给学生，供其复习和预习使用。

（3）习题集

为了帮助学生巩固所学知识和提高解题能力，教师可以提供丰富的习题集。习题集应该包括各种类型的题目，涵盖课程内容的各个方面，同时还应该附带详细的解答和解题思路，以便学生进行自主学习和复习。

（4）参考书籍

除了教科书之外，教师还可以推荐一些参考书籍，供学生深入学习和拓展知识。这些参考书籍可以是经典教材、专业论著、最新研究成果等，帮助学生了解更广泛的学术视野和研究动态。

2. 利用网络资源丰富教学内容

（1）在线课程

教师可以利用各大在线学习平台提供的丰富资源，如Coursera（在线公开课）、edX（开放在线课堂平台）等，选择与课程内容相关的在线课程，供学生自主学习。这些在线课程涵盖了各个学科领域，内容丰富、形式多样，可以有效地拓展学生的知识面和学习渠道。

（2）学术论文

学术论文是学术界的重要研究成果，教师可以引导学生通过网络数据库检索和阅读相关的学术论文，以了解最新的研究进展和学术观点。这不仅有助于学生深入理解课程内容，还能够培养学生的科研能力和批判思维。

（3）教学视频

教学视频是一种生动直观的教学资源，可以帮助学生更好地理解抽象和复杂的概念。教师可以选择与课程内容相关的优质教学视频，供学生观看学习。同时，教师还可以制作自己的教学视频，对重要知识点进行解释和演示，提高教学效果。

（4）网络论坛和社区

教师可以建立课程相关的网络论坛或者社区，供学生进行讨论和交流。学生可以在论坛上提问问题、分享经验、互相答疑，从而扩大学习资源，促进学习互动，增强学习效果。

（三）激发学生的学习兴趣和主动性

1.设计趣味性的教学活动和案例

（1）角色扮演

通过角色扮演的形式，教师可以让学生扮演不同的角色，模拟真实场景，进行英语对话或情景再现。例如，教师可以设计一场商务谈判的角色扮演活动，让学生扮演不同的商务角色，进行商务谈判，以此来锻炼学生的口语表达能力和交际技巧。

（2）游戏化学习

教师可以将课堂内容设计成游戏形式，增加趣味性和互动性。例如，可以设计英语单词拼写比赛、语法知识竞赛等游戏，通过比赛的形式来巩固学生的英语知识，同时激发学生的学习兴趣和竞争意识。

（3）案例分析

教师可以选取真实案例或者故事情节，与课程内容相关，通过讲解和讨论案例，引发学生的思考和讨论。例如，可以选取一些与跨文化沟通有关的案例，让学生分析其中的语言和文化因素，以此来加深他们对课程内容的理解和应用。

2.注重个性化的学习体验

（1）学习兴趣

教师应该关注学生的学习兴趣，了解他们的喜好和爱好，根据学生的兴趣设计课堂内容和任务。例如，对于喜欢音乐的学生，可以设计与音乐相关的英语学习活动，如听歌词填空、学习英文歌曲等，以吸引他们的注意力和参与度。

（2）学习风格

教师应该了解学生的学习风格，设计符合不同学生学习习惯的教学活动和任务。例如，对于喜欢视觉学习的学生，可以提供图表、图像等多媒体资料，帮助他们更好地理解和记忆课程内容；对于喜欢听觉学习的学生，可以提供听力材料和录音训练，以培养他们的听力理解能力。

（四）注重学生的反馈和建议

1.开展定期的课程评估

（1）设计全面的评估问卷或调查表

在开展定期的课程评估时，教师应设计全面的评估问卷或调查表，涵盖课堂教学的各个方面，如教学内容的设计、教学方法的运用、课堂氛围的活跃程度等。

问卷设计应具有针对性和可操作性，使学生能够清晰、准确地表达对课程的看法和建议。

（2）收集学生的意见和建议

教师应通过各种方式收集学生的意见和建议，包括面对面的讨论、书面的调查问卷、在线平台的留言等。通过这些渠道，可以获取到学生对课程的直接反馈，了解他们的学习体验和感受，发现问题和不足之处。

（3）分析评估结果并及时调整教学策略

教师在收集到学生的评估结果后，应及时进行分析，并根据评估结果调整教学策略。如果评估结果显示学生对某一方面的教学不满意或存在困惑，教师可以针对性地调整教学内容、改进教学方法，以提高教学效果。

2. 建立良好的师生沟通渠道

（1）课堂互动和反馈

在课堂上，教师应鼓励学生进行积极地互动，提出问题和意见。教师可以通过课堂讨论、小组活动等形式，与学生进行交流和互动，了解他们的学习情况和需求，并及时给予反馈和指导。

（2）在线平台的留言板和咨询服务

教师可以利用在线平台建立留言板或提供咨询服务，供学生随时提出问题和建议。通过在线平台，学生可以在课外时间向教师咨询学习问题，分享学习心得，提出课程建议，建立起与教师的良好沟通渠道。

（五）培养学生的合作精神和团队意识

1. 设计合作性的学习任务

（1）小组项目任务

教师可以设计一些小组项目任务，要求学生分成小组共同完成。例如，可以让学生一起撰写一篇小组论文、制作一个多媒体演示文稿或者设计一个英语口语对话。在小组项目任务中，学生需要相互协作、分工合作，共同完成任务，这样可以培养他们的合作精神和团队意识。

（2）合作性游戏和活动

教师可以设计一些合作性的游戏和活动，让学生在游戏和活动中体验到合作的乐趣和重要性。例如，可以组织学生参加团队竞赛、角色扮演游戏或者解决实际问题的小组讨论。通过这些活动，学生可以学会倾听他人意见、尊重他人观点，培养良好的合作态度和团队精神。

2. 鼓励分享与合作

（1）学习资源分享

教师可以鼓励学生分享各自的学习资源和经验，例如推荐优质的学习资料、分享有效的学习方法和技巧等。通过这种方式，学生之间可以相互借鉴、共同进步，增强他们的学习动力和合作意识。

（2）互助合作学习

教师可以组织学生之间的互助合作学习，让学生在学习过程中相互帮助、相互学习。例如，可以设置学习小组，在小组内部相互讨论、解答疑惑，共同攻克学习难关。这样可以促进学生之间的相互学习和交流，增强他们的合作意识和团队精神。

三、大学英语教学中学生翻译能力的提升

在经济全球化发展的背景下，大学英语教学的重心发生了转变，教师在教学过程中要引导当代大学生注重提高自身的国际沟通能力，能够和全球各国开展良好的沟通交流。因此，在开展大学英语教学时，教师要将重点放在提高学生的英语翻译能力之上，让学生做到沟通流畅，进而促进学生素质的全面发展。然而现阶段很多教师在开展大学英语教学时并没有认识到英语翻译教学的重要性，未能重视培养学生的英语翻译能力，也未能结合学生的学习需求来构建有效的英语翻译课堂，影响了学生英语综合能力的发展和提升。为了进一步提高当代大学生的英语能力，促进学生语言技能的发展，大学英语教师要树立正确的教学理念，正确认识到翻译教学的重要价值，积极探索翻译教学的有效方式，并通过实例来探究如何提升学生的翻译应用能力。

（一）大学英语教学中提升学生翻译能力的意义

在当今社会，大学生面临着越来越广泛的就业选择，而英语作为一种全球通用语言，在各个领域都扮演着重要的角色。因此，提升大学生的英语翻译能力具有重要的意义。众多调查研究表明，英语专业的学生不再局限于语言教学或语言文化类研究工作，而是开始涉足外贸、科技、经济等各个领域，这就要求他们具备良好的英语翻译能力，以便在不同领域进行有效沟通和交流。

然而，在实际的大学英语教学中，有些教师过于注重学生的听、说、读、写

等基本能力，而忽视了英语翻译能力的培养。这导致了许多学生在使用英语进行翻译时出现了不准确、不流畅的情况，影响了他们在跨文化交流中的能力和竞争力。

因此，教师应该及时调整教学方法，加强英语内容的合理调整，提高英语翻译教学的开展，促进学生翻译能力的发展。通过正确的均衡教学方法选择和使用，学生将能够更好地应对日益多样化的就业需求，增强自身竞争力。

随着经济全球化的发展，英语作为重要的沟通工具，是当代大学生应当掌握的语言技能。为了更好地发挥英语的交流作用，大学教师应结合当前时代就业对学生的技能要求来完善英语教学内容，重视翻译教学的开展，从而推动学生就业能力的提升。

此外，随着我国高等教育水平的提升，越来越多的学生选择继续深造，攻读研究生。在研究生阶段，良好的英语水平将帮助学生阅读更多的国外优秀文献，提高专业研究能力。因此，在大学教育阶段，教师必须重视提升学生的英语能力，培养学生的英语翻译能力，为学生的就业和深造学习提供重要的语言技能支持。

（二）大学英语翻译教学中提升学生英语应用能力的措施

1. 改进教学模式，激发学生的学习兴趣

（1）改进教学模式

传统的教学模式以教师为中心，侧重于知识传授，学生被动接受，缺乏互动和主动参与的机会。然而，现代学生对于教学的期望已经发生了变化，他们渴望更多地参与到学习过程中，希望能够主动思考、探索和解决问题。因此，教师需要转变教学模式，以学生为中心，注重培养学生的自主学习能力和批判性思维能力。

①问题导向教学模式

问题导向教学模式是一种以问题为核心的教学方式，通过提出问题或情境，引导学生进行思考、探索和解决问题的过程。在这种模式下，教师不再是简单地传授知识，而是充当引导者和促进者的角色，鼓励学生积极参与讨论和思考。通过问题导向教学，学生能够更加主动地参与学习过程，激发他们的学习兴趣和动力。同时，这种教学模式也能够培养学生的批判性思维和问题解决能力，提高他们的学习效果。

②项目学习模式

项目学习模式是一种将学习任务转化为实际项目的教学方式，让学生在项目中进行实践和应用。在项目学习中，学生需要通过合作、研究和创新来完成项目任务，从而增强他们的学习动机和兴趣。通过项目学习，学生能够将所学知识与实际问题相结合，提高他们的学习兴趣和参与度。同时，项目学习也能够培养学生的合作和团队精神，提高他们的综合能力和创新能力。

（2）创新教学内容

除了改进教学模式，还需要更新教学内容，加入实际应用和趣味性的元素，以激发学生的学习兴趣和动力。

①真实场景教学材料

将真实场景的教学材料引入课堂，可以帮助学生将所学知识与实际问题相结合，增强他们的学习兴趣和动力。例如，使用真实的新闻报道、商务文书等作为教学材料，让学生在实际场景中进行学习和实践。

②趣味性教学材料

引入趣味性的教学材料，可以激发学生的学习兴趣和积极性。例如，使用有趣的故事、音乐、影视片段等作为教学材料，让学生在轻松愉快的氛围中学习和探索。

（3）转变教学方式

传统的教学方式以讲授和讲解为主，缺乏互动和参与的机会。然而，学生对于被动接受的教学方式缺乏兴趣和动力。因此，教师需要转变教学方式，注重互动和参与。

①小组讨论和合作学习

运用小组讨论和合作学习的教学方式，可以让学生分享观点和经验，互相学习和交流。通过这种方式，学生能够积极参与，激发他们的学习兴趣和动力。同时，小组讨论也能够培养学生的合作和团队精神，提高他们的学习效果。

②多媒体和技术辅助教学

使用多媒体和技术工具辅助教学，可以使教学内容更加生动和有趣，激发学生的学习兴趣。例如，使用电子白板、幻灯片、视频等辅助教学工具，让学生在视听的刺激下进行学习和探索。

2. 强化英语翻译技巧，提高学生翻译能力

（1）培养学生的语言感知能力

语言感知是学生对语言的敏感度和理解能力，对于英语翻译的准确性和流畅性至关重要。在教学中，教师可以通过多种方式来培养学生的语言感知能力。

首先，教师可以提供丰富多样的语言材料，包括文学作品、新闻报道、科技文章等，让学生接触到不同领域和风格的英语表达。通过阅读和分析这些材料，学生能够逐渐培养对英语语言的敏感度，理解不同语言表达的含义和特点。

其次，教师可以设计一些语言分析和比较的活动，让学生观察和理解不同语言之间的差异和联系。比如，对比英语和母语之间的词汇、句法结构等方面的差异，有助于学生深入理解英语的表达方式，并加深对英语语言的认知。

教师还可以引导学生进行语言模仿和模拟练习，让他们通过模仿优秀的语言表达者，感受和理解语言的美感和韵律。这种练习可以帮助学生更好地把握语言的节奏和语调，提高他们对语言的敏感度和感知能力。

（2）加强学生的词汇积累和运用能力

词汇是翻译的基础，对于准确理解和表达原文意思至关重要。为了提高学生的翻译能力，教师可以采取以下措施加强学生的词汇积累和运用能力。

首先，教师可以设计一些有针对性的词汇练习，帮助学生扩大词汇量。这些练习可以包括词汇表的记忆、词汇的分类整理等，让学生逐步掌握更多的词汇，并能够准确地理解和运用这些词汇。

其次，教师可以引导学生进行词汇运用的实践活动，例如词汇搭配、词义辨析等。通过这些实践活动，学生能够更加灵活地运用所学的词汇，准确地表达自己的意思，提高翻译的准确性和流畅性。

教师还可以鼓励学生积极参与词汇的拓展和应用，例如通过阅读英语原著、参与英语演讲比赛等方式，进一步丰富和巩固学生的词汇知识，并提高他们的词汇应用能力。

（3）培养学生的语法意识和语法运用能力

语法是语言的骨架，对于翻译准确性和流畅性至关重要。因此，教师在教学中需要重视学生的语法意识和语法运用能力的培养。

首先，教师可以通过系统的语法教学，帮助学生掌握英语的基本语法规则。这包括句子结构、时态、语态、语气等方面的语法知识，让学生能够准确地理解

和运用这些语法规则。

其次，教师可以设计一些语法分析和句子结构练习，帮助学生加深对语法知识的理解和掌握。通过分析和比较不同句子结构的差异，学生能够逐步增强自己的语法意识和语法运用能力。

教师还可以引导学生在翻译实践中运用所学的语法知识，例如在翻译过程中注意句子的结构和时态的使用，确保译文的语法正确性和通顺性。通过这种方式，学生能够逐步提高自己的语法运用能力，从而提高翻译的质量和准确性。

3. 优化学生思维模式，优化翻译成果

（1）培养学生的批判性思维能力

在大学英语教学中，培养学生的批判性思维能力是提高翻译能力的重要途径之一。批判性思维能力使学生能够审视和评估所翻译的文本，从而更准确地理解和表达原文的意思。教师可以通过以下方式来促进学生的批判性思维能力：

首先，设计开放性问题的讨论和小组活动。教师可以在课堂上提出一些开放性的问题，让学生自由发挥想象力和思维能力，从不同的角度去思考问题，并提出自己的观点和解释。通过与同学们的讨论和交流，学生能够学会审视和评估不同的观点，提高批判性思维能力。

其次，引导学生进行文本分析和评价。教师可以选择一些有代表性的英文文本，让学生进行深入的分析和评价，包括语言结构、词汇选择、逻辑推理等方面。通过对文本的分析和评价，学生能够培养对语言表达的敏感度和理解能力，从而提高批判性思维能力。

组织学生参与翻译实践和项目研究。教师可以设计一些翻译任务或项目，让学生在实践中应用所学知识和技能，从而提高他们的批判性思维能力。在实践过程中，学生需要不断地审视和评估自己的翻译成果，发现问题并加以解决，这有助于培养他们的批判性思维能力。

（2）培养学生的归纳和演绎能力

归纳和演绎能力是学生从具体事实和例子中推导出一般规律和原则，并从一般规律和原则中推导出具体结论的能力。在翻译过程中，学生需要根据已掌握的语言知识和翻译技巧进行归纳和演绎，以便准确理解和表达原文的意思。教师可以通过以下方式来培养学生的归纳和演绎能力：

首先，设计案例分析和实践任务。教师可以选择一些实际的翻译案例，让学

生进行分析和解决，从中归纳出翻译的规律和原则。通过实践任务，学生能够逐步提高归纳和演绎能力，更好地应用于实际翻译中。

其次，组织学生参与讨论和交流活动。教师可以组织学生进行小组讨论或班级讨论，让他们分享归纳和演绎的经验和心得，互相学习和交流。在讨论和交流中，学生可以从不同的角度思考问题，并提出自己的见解和建议，从而提高归纳和演绎能力。

引导学生进行文本分析和评价。教师可以选择一些有代表性的翻译文本，让学生进行深入的分析和评价，包括译文的语言结构、逻辑推理、表达方式等方面。通过对文本的分析和评价，学生能够发现归纳和演绎的规律和原则，从而提高归纳和演绎能力。

（3）培养学生的创造性思维能力

创造性思维能力是指学生能够独立思考和提出新颖的解决方案。在翻译过程中，学生需要不断寻找合适的表达方式，以便准确传达原文的意思。教师可以通过以下方式来培养学生的创造性思维能力：

首先，设计创意翻译的练习和任务。教师可以提供一些创意翻译的题材或素材，让学生尝试不同的表达方式，并在翻译中发挥自己的想象力和创造力。例如，可以给学生提供一段文字，要求他们进行自由翻译，允许他们在语言表达上进行适度的创新，以便更好地传达原文的意思。

其次，鼓励学生参与翻译创作和比较分析。教师可以组织学生参与翻译创作比赛或翻译作品展示，鼓励他们尝试不同的翻译风格和技巧，从而培养他们的创造性思维能力。同时，教师还可以引导学生进行翻译作品的比较分析，让他们从中学习借鉴，提高翻译水平。

提供实践机会和反馈渠道。教师可以为学生提供实践机会，让他们在实际翻译项目中积累经验，发现问题并加以解决。同时，教师还应该及时给予学生反馈，指导他们改进翻译成果，促进他们不断提高翻译质量和水平。

4. 强调文化差异的学习，扩大学生的知识面

（1）强调文化差异的学习

在英语教学中，强调学习文化差异是非常重要的一环。教师需要让学生认识到，语言不仅是一种工具，更是一种文化的表达方式。因此，了解和理解英语和汉语之间的文化差异对于学生提高翻译能力至关重要。教师可以通过以下方式来强调文化差异的学习：

首先，引导学生分析英语和汉语文化之间的差异。教师可以在课堂上通过举例或讨论，让学生了解英语国家和中国在价值观念、礼仪习惯、思维方式等方面的不同。通过对文化差异的分析，学生可以更深入地理解英语原文背后的文化含义，从而更准确地进行翻译。

其次，提供相关的案例和材料。教师可以选择一些涉及文化差异的翻译案例或文本，让学生进行分析和讨论。通过对实际案例的学习，学生可以更直观地感受到文化差异对翻译的影响，从而提高他们的跨文化翻译能力。

最后，鼓励学生在翻译实践中运用所学的文化知识。教师可以设计一些涉及文化差异的翻译任务，让学生运用自己的文化背景知识，结合英语原文的文化特点进行翻译。通过实际的翻译实践，学生不仅可以巩固所学的文化知识，还可以提高他们的翻译能力和水平。

（2）扩大学生的知识面

为了提高学生的翻译能力，教师需要不断地扩大学生的知识面，使他们具备更广泛的语言和文化素养。在英语教学中，教师可以通过以下方式来扩大学生的知识面：

首先，引导学生学习英语国家的文化和历史。教师可以在课堂上介绍一些与英国文化和历史相关的知识，如著名作家、历史事件、传统习俗等。通过了解英国的文化和历史，学生可以更好地理解和运用英语，从而提高他们的翻译能力。

其次，推荐学生阅读英文原著。教师可以向学生推荐一些优秀的英文原著，如小说、诗歌、戏剧等，让他们通过阅读原著来感受英语的魅力和美丽。通过阅读原著，学生不仅可以提高阅读理解能力，还可以扩大词汇量，丰富语言表达方式，从而提高翻译能力。

最后，鼓励学生参与英语文化活动。教师可以组织学生参加一些与英语文化相关的活动，如英语角、英文演讲比赛、文化交流活动等。通过参与这些活动，学生可以与其他学习者交流，共同提高英语水平，同时也可以了解和体验英语文化的魅力，从而扩大他们的知识面。

5. 加强对大学生的翻译实践教学

在大学英语教学中，加强对大学生的翻译实践教学具有重要的意义。通过实践教学，学生可以将所学的理论知识运用到实际情境中，提升他们的英语应用能力和翻译水平。教师在开展翻译实践教学时，可以采取以下措施：

（1）提供实践锻炼的机会

教师应该为学生提供丰富多样的实践锻炼机会，例如翻译实践课、翻译比赛、翻译训练营等。这些实践活动能够让学生在实际的翻译任务中不断提升自己的翻译能力，并且增强对英语翻译的兴趣和热情。

（2）引导学生总结翻译技巧和方法

在实践教学中，教师应该引导学生从实践活动中领悟和总结不同的翻译技巧和方法。通过对成功和失败案例的分析，学生可以逐渐积累起有效的翻译经验，提高他们的翻译能力和水平。

（3）注重语言表达的练习

除了翻译实践，教师还应该注重学生的语言表达练习。通过作文、口语等形式的练习，学生可以提高自己的语言表达能力，进而更好地进行翻译工作。教师可以组织各种形式的语言表达活动，如辩论赛、演讲比赛等，以激发学生的学习兴趣和积极性。

（4）纠正语法错误，提高针对性和有效性

在学生进行语言表达或英文写作的过程中，教师应该及时纠正他们的语法错误，帮助他们提高语言表达的准确性和流畅性。同时，教师还应该提高翻译课程在英语课程中的授课比重，加强对学生翻译能力的培养，使得翻译教学更具针对性和有效性。

（5）结合语法教学，相辅相成

翻译课程与语法课程应相辅相成，相互融合。通过同时进行语法教学和翻译实践，可以使学生更好地理解语法知识在翻译中的应用，进而提高他们的翻译能力。教师可以设计一些结合语法和翻译的练习和任务，让学生在实践中学习和巩固语法知识，提高翻译水平。

6. 为了提高英语教师的专业能力，需要加强对他们的综合素质培养

为了提高英语教师的专业能力，学校应该采取一系列措施来加强对他们的综合素质培养。翻译教学在高等教育中扮演着重要的角色，因为它不仅可以显著提升学生的英语能力，还能够培养学生的跨文化交流能力和实践能力。首先，学校可以通过为英语教师提供对外交流与沟通的机会来加强其专业素质的培养。这包括组织参加国际学术会议、邀请外国专家来校交流讲学、支持教师参与国际交流

项目等。通过这些活动，教师可以与国际上的同行进行深入交流，了解最新的教学理念和方法，提升自身的国际视野和学术水平。

其次，学校应该鼓励英语教师重视起继续教育的工作。继续教育是教师不断提升自身专业水平的有效途径，学校可以提供相关的培训和进修机会，支持教师参加相关的翻译教育培训课程、专业资格认证考试等，帮助他们不断更新知识、提高技能，适应教育教学的新要求和挑战。

学校还应该在内部建立一支高素质、专业化的英语翻译科研团队。这个团队可以由学校的英语教师组成，也可以邀请外部专家加入。团队成员可以共同开展翻译教学和研究工作，交流经验、分享资源，相互促进，共同提升教学水平。同时，学校可以设立奖励机制，激励教师积极参与科研活动，提高团队的凝聚力和创造力。

最后，大学英语教师应该树立起终身学习的意识，不断提高自身的翻译教学水平。他们可以利用课余时间阅读相关的教学书籍、学术论文，参加教学研讨会和讲座，积极探索和尝试新的教学方法和策略。通过不断改进教学方法，教师可以为学生提供更优质的英语翻译课程，满足他们对英语翻译的需求，促进他们的身心健康发展。

第八章 大学英语教师角色与发展

第一节 大学英语教师的角色定位和专业发展

一、大学英语教师在教学中的角色定位和责任

（一）大学英语教师在教学中的角色定位

1. 知识传授者

大学英语教师在教学中扮演着知识传授者的重要角色。他们不仅需要具备深厚的英语语言知识，还需要将这些知识系统地传授给学生，以帮助他们建立起对英语基础知识的理解和掌握。

在语音方面，教师应当精通英语语音规则，并能够准确地示范和解释英语发音，帮助学生正确掌握语音技巧。通过针对性地训练和练习，学生可以逐步提高自己的发音准确度和流利程度。

在语法和词汇方面，教师需要系统地介绍英语语法知识和常用词汇，并通过丰富的例句和语境来加深学生的理解。通过解析句子结构、分析词汇搭配，学生可以逐步掌握英语语法和词汇的应用技巧。

在阅读和写作方面，教师应当引导学生掌握阅读技巧，培养他们的阅读理解能力，并指导他们提升写作水平，包括组织结构、表达技巧等方面的训练。通过阅读和写作的实践，学生可以逐渐提高自己的语言表达能力和沟通能力。

教师还应当介绍英语文化背景和交际技能，帮助学生了解英语国家的文化习俗和社会风貌，培养他们的跨文化交际能力。通过真实的语境和情景模拟，学生可以更好地运用所学知识进行语言交际，提高自己的语言实际运用能力。

2. 学习引导者

除了作为知识传授者，大学英语教师还担任学习引导者的角色。他们需要引

导学生积极、有效地学习英语，培养其自主学习能力和持久学习动力。

首先，教师应当设定明确的学习目标，帮助学生明确自己的学习方向和目标。通过与学生沟通和制定个性化学习计划，教师可以帮助学生确立可行的学习目标，并指导他们制定相应的学习策略和方法。

其次，教师应当提供丰富的学习资源，包括教材、参考书籍、网络资源等，帮助学生扩展知识面，拓展学习渠道。通过引导学生使用各种学习工具和资源，教师可以激发学生的学习兴趣，提高他们的学习效率。

再次，教师应当组织多样化的学习活动，包括课堂讨论、小组合作、实践活动等，以激发学生的学习热情，增强他们的学习参与度。通过多样化的学习活动，学生可以在实践中巩固所学知识，提高自己的语言应用能力。

教师还应当关注学生的学习进展，及时给予鼓励和反馈，帮助学生克服学习困难，保持学习动力。通过定期的学习评估和反馈机制，教师可以了解学生的学习情况，为他们提供针对性地学习指导和建议。

3. 学生辅导者

在教学过程中，大学英语教师还承担着学生辅导者的角色。他们不仅关注学生的学习情况，还关心学生的成长和发展，帮助他们解决学习中的困惑和问题，引导他们规划学业和职业发展，促进其全面发展。

首先，教师应当关注学生的学习情况，了解他们的学习需求和困难。通过与学生建立良好的沟通和信任关系，教师可以更好地了解学生的学习状态，及时发现并解决他们的学习问题。

其次，教师应当为学生提供个性化的学习指导和辅导。针对学生的不同学习水平和学习需求，教师可以制定个性化的学习计划和辅导方案，帮助他们克服学习困难，提高学习效果。

再次，教师应当关心学生的心理健康和情感需求。通过倾听和理解，教师可以为学生提供情感支持和心理鼓励，帮助他们建立自信心，克服学习中的挫折和困难。

教师还应当引导学生规划学业和职业发展，帮助他们树立正确的人生目标和职业理想。通过开展职业规划指导和就业辅导活动，教师可以帮助学生了解自己的兴趣和能力，制定个性化的职业发展计划，为其未来的发展打下坚实的基础。

（二）责任

1. 教学设计与实施

（1）教学计划设计

大学英语教师应根据学生的需求和课程目标，设计科学合理的教学计划，确保教学过程有序进行。教学计划应包括教学内容、教学方法、教学活动安排等方面的详细安排。

（2）教学内容编制

教师应根据课程大纲和教学目标，精心编制教学内容，确保内容贴近学生实际需求，涵盖语言技能的各个方面，如听、说、读、写等，同时注重文化背景和实用性。

（3）教学实施

在教学实施过程中，教师应根据教学计划和教学内容，灵活运用各种教学方法和手段，如讲授、讨论、演示、实践等，激发学生的学习兴趣和主动性，提高教学效果。

2. 学习引导与促进

（1）学习目标明确

教师应帮助学生明确学习目标，树立学习动机，激发学习兴趣，引导学生树立正确的学习观念和态度，培养其自主学习能力。

（2）学习方法指导

教师应指导学生选择适合自己的学习方法，教授学习策略和技巧，帮助他们有效地利用教学资源，提高学习效率。

（3）学习资源提供

教师应为学生提供丰富的学习资源，如教材、参考书、网络资源等，鼓励学生积极探索和独立学习，拓展知识面，培养终身学习的习惯。

3. 学生成绩评价与反馈

（1）评价方式多样化

教师应采用多种评价方式，包括考试、作业、课堂表现等，综合评价学生的学习情况，及时发现学生的问题和困难。

（2）反馈及时有效

教师应及时对学生的学习情况进行反馈，提供具体的指导和建议，帮助学生改进学习方法和提高学习成绩，促进学生的学习和成长。

（3）激励与鼓励

教师应给予学生积极的激励和鼓励，鼓励学生树立自信心，克服困难，不断进步，努力实现个人学习目标。

4. 教学研究与创新

（1）研究方向选择

教师应根据自身的教学实践和专业背景，选择合适的教学研究方向，积极探索和研究教学方法和手段，提高教学水平和教学效果。

（2）创新教学实践

教师应不断创新教学实践，尝试新的教学方法和教学工具，积极应用信息技术和现代教育技术，提高教学效果和教学质量。

93 教学成果分享

教师应将教学研究成果与同行进行分享和交流，参加学术会议和研讨会，发表教学论文和成果，促进学科发展和教学改革。

二、大学英语教师的专业发展路径和方向

（一）专业发展路径

1. 学术研究

（1）深入学术研究

大学英语教师可以通过深入学术研究，选择自己感兴趣的研究领域，进行系统的文献查阅和实证研究，提升自身的学术造诣和研究能力。

（2）学术论文发表

通过积极参与学术研究项目，撰写学术论文并发表在国内外学术期刊上，展示自己的研究成果，提升学术声誉和地位，为学科的发展作出贡献。

（3）参与学术会议

积极参加学术会议和学术研讨会，与同行交流学术思想和研究成果，拓宽学术视野，增进学术交流与合作，不断提升学术水平。

2. 教学实践

（1）积累教学经验

通过持续的教学实践，不断积累教学经验，探索适合自己的教学方法和教学

策略，提高教学水平和教学效果。

（2）培养个性化教学风格

在教学实践中，不断探索个性化教学风格，关注学生的个性差异，因材施教，激发学生的学习兴趣和潜能，实现个人教学目标和职业发展。

（3）教学成果展示

将教学实践成果进行总结和展示，如撰写教学案例、参与教学比赛、组织教学展示等，分享成功经验，促进教学交流与合作。

3. 教学管理

（1）参与课程设计与教材编写

积极参与课程设计和教材编写工作，结合学科特点和教学需求，设计开发新的课程和教材，提高课程的针对性和实用性。

（2）教学评估与质量保障

参与教学评估和质量保障工作，制定教学评价标准和方法，开展教学评估和教学质量监控，促进教学改革与提升。

（3）教学团队建设

积极参与教学团队建设工作，加强教师之间的合作与沟通，共同探讨教学问题，分享教学资源，促进教学管理与发展。

（二）专业发展方向

1. 跨学科研究

（1）拓展学科边界

大学英语教师可以与其他学科领域的专家学者合作，开展跨学科研究项目，探索英语教学与其他学科的交义点和融合处，拓展学科边界，促进学科发展。

（2）学科交叉融合

通过跨学科研究，将英语教学与其他学科的理论和方法相结合，探索新的教学模式和策略，提升教学效果和学生学习成效，推动学科交叉融合，促进学科发展。

（3）学科合作与创新

与其他学科领域的专家学者开展合作研究项目，共同探讨学科发展的新方向和新思路，推动学科的创新与发展，提高学科的国际影响力和竞争力。

2. 教学技术应用

（1）网络教学平台

大学英语教师可以利用网络教学平台，如在线教学平台、虚拟教室等，开展在线课程教学，实现教学资源共享和学习互动，提高教学效果和教学效率。

（2）多媒体教学资源

通过积极应用多媒体教学资源，如教学视频、音频资料、互动课件等，丰富教学内容和形式，激发学生学习兴趣，提高学习效果和教学质量。

（3）教学智能化技术

大学英语教师可以借助教学智能化技术，如智能辅助教学软件、语音识别系统等，实现个性化教学和智能化评估，提高教学效果和教学管理水平。

3. 国际化合作与交流

（1）学术交流项目

通过参与国际性的学术交流项目，如学术会议、研讨会、访问学者项目等，与国外专家学者进行学术交流和合作，分享研究成果和经验，拓宽国际视野。

（2）跨文化交际能力

通过国际化合作与交流，提高跨文化交际能力，增进对不同文化背景下学生学习需求的理解，为教学内容和教学方法的调整提供有益参考，促进学科国际化发展。

（3）学科国际化发展

积极参与国际性的学术组织和项目，提升学科国际化发展水平，加强与国外高校和研究机构的合作与交流，促进学科的全球影响力和竞争力。

三、大学英语教师信息素养培养

（一）大学英语教师教学信息素养框架

1. 信息意识

信息意识是人们在信息活动中产生的认识、观念和需求的总和，对于大学英语教师而言尤为重要。首先，他们应从思想上认识到在互联网时代下信息素养的重要性。随着信息技术的飞速发展，信息已成为现代社会的核心资源，而信息素养则是人们在获取、评价和利用信息过程中所必需的能力和技能。因此，大学英语教师应认识到提升自身信息素养的紧迫性和重要性，以适应信息时代的教学需求。

其次，大学英语教师应树立现代语言教学的信息观。这意味着教师应具备愿意获取信息资源和充分利用信息技术的积极态度，并且具备终身学习的观念。在信息时代，教学资源已经不再局限于教科书和课堂，而是涵盖了网络、多媒体等多种形式。因此，教师需要不断地更新自身的信息知识和技术，积极探索利用信息技术优化课程设计，解决教学问题，提高教学效果。

第三，大学英语教师应提升自身对信息素养的内在需求。在使用信息技术解决学习和工作实际问题时，教师应自觉意识到自身在信息知识、技能等方面的不足之处，从而激发内在的学习动力。信息素养的提升不仅有助于教师更好地指导学生，还能够提高教师自身的学术水平和竞争力。

2. 信息知识

信息知识作为与信息相关的理论和认知，在大学英语教师的职业中具有重要意义。首先，他们应该了解信息的基本概念及其传播特征。信息是指能够传达意义和价值的数据或者信号，在当今信息社会，信息的产生、传递和利用已成为社会生活的重要组成部分。了解信息的基本概念以及信息传播的特征，有助于教师更好地理解信息活动的本质和规律。

其次，大学英语教师需要掌握信息技术的基本原理和软硬件知识。特别是在教学和科研方面，教师需要熟悉与之相关联的信息技术知识，以及常用系统软件的使用方法。信息技术的运用已经深入到教学的方方面面，教师需要不断学习和更新自己的技术知识，以适应信息化教学的需求。

第三，大学英语教师应该了解信息技术的发展历程、应用现状以及未来与教科研整合的趋势。随着信息技术的不断发展和应用，它对教学和科研方式产生了深远的影响。了解信息技术的发展趋势，有助于教师更好地把握教学和科研的方向，提高教学和科研效率。

第四，大学英语教师还应该了解信息和信息技术对社会以及人类的多重影响。信息技术的发展不仅改变了人们的生活方式和工作方式，还对社会产生了深远的影响。了解信息对社会和人类的影响，有助于教师更好地引导学生正确地使用信息和信息技术，培养他们的信息素养。

最后，大学英语教师应该了解信息安全和信息产权的基础知识，以及如何批判地、合理地使用信息和信息技术。信息安全和信息产权是信息社会中的重要问题，了解相关知识可以帮助教师更好地保护自己和学生的信息安全，同时也有助于教师更好地引导学生学习和科研中的信息利用和创新。

3. 信息能力

信息能力指人们利用信息知识开展信息活动的能力，是信息素养的核心，备受关注。综合分析对比以往文献，结合大学英语教学科研实践，本篇从信息获取、评价、加工、管理和交流五个方面构建信息能力。

（1）获取信息

获取信息指通过多种渠道搜寻并得到所需信息的能力。网络提供了海量的信息，为大学英语教师提供了丰富的多模态教学资源。如何快速高效地获取这些资源尤为重要。首先，教师要能够快速准确地检索到所须交验资源。互联网搜索引擎、图书馆电子资源库、语料库、慕课平台的使用方法成为教师们的必备技能。除了自主查询外，教师还可通过信息共享获得资源。在社交媒体流行的当下，教师们可关注公众号推文、短视频、微博、论坛和大学英语教研交流群等，从中汲取共享信息。在成功定位到大学英语教学科研相关资源的基础上，教师们还要掌握下载该信息的能力，如下载工具、小程序的使用，屏幕录制、截图等技巧。

（2）评价信息

信息评价能力是教师对获取信息进行评估和判断的能力。网络信息更新速度快、内容全面、形式丰富，但是这些资源并非为学生和教师量身打造。若要作为课堂教学内容，大学英语教师要考虑其来源的可靠性：内容是否来自官网、主流认可学习网站或 App（应用程序）；查证其内容的准确性：内容是否真实、权威，经得起多角度、多来源考证；斟酌其语言的切实性：该内容对所教授的大学生而言是否为有效输入，语言的难度水平是否符合克拉申 i+1 输入要求，主题是否在大学生的兴趣范围内，是否具有思辨性、拓展性或者针对性；评判其内容的政治性：内容是否有政治倾向和色彩，是否与我国宣扬的政治主张一致。特别是外语新闻，内容是否和我国主流媒体报道一致。最终评价甄选出真正适合大学生英语学习的资料。

（3）加工信息

加工信息包括对获取的资源进行处理、整合和创新，使之真正适合学生。就内容而言，在保留语料真实性的同时，大学英语教师要对其进行教学加工。通过使用词典、文字处理编辑器、音视频和图像编辑器等工具，将其转换成满足学生需求的、适合学生能力的语言素材。同时将这些不同形式的教学材料整合，以多媒体形式有机地呈现在学生面前，最大限度地调动学生的感官，激发学习兴趣。如果需要，大学英语教师可对现有教学资源从内容和形式上进行再创造，自己撰写慕课脚本，拍摄和剪辑视频，最终创造出个性化的有针对性的教学材料。大学英语教师亦需整合教学环境，充分利用智慧教室，结合虚拟现实和人机交流技术，为学生创造更多开口说英语的机会，创设出自然真实的语言环境，最终提高学生的英语表达能力。其次，加工信息还包括对获取的数据进行深入挖掘，为外语教学提供智力支持。在当下，慕课平台和 U 校园、Welearn（随行课堂）等自主学习平台已成为教学过程中的重要组成部分。这些平台记录了学生的学习过程，大学英语教师需从这些大数据中分析学生的学习情况，解读学习特点和策略，反思教学有效性，从而优化教学设计，同时亦为建立学生档案袋评价提供了可能。作为承担科研工作的高校教师，大学英语教师还应掌握定量和定性数据分析软件，如 SPSS（社会科学统计软件包）、EXCEL（电子表格）、NVivo（质性分析软件），为处理问卷、访谈、反思日志等调研数据奠定技术基础。

（4）管理信息

信息管理是指对现有信息整理储存并调取的能力。面对庞杂的已获教学资源，大学英语教师要能够根据教学实际分门别类地组织并储存这些资源，最终建立个性化的教学资源库。教师应熟练使用常见的保存工具，如 U 盘、移动硬盘、网盘、公共邮箱、网络收藏夹等，以便在需要特定资源时，快速搜寻并准确地调取有效信息。

（5）交流信息

交流信息的能力指与他人交换和沟通信息的能力。大学英语教师要能够运用社交工具与学生交流互动，与国内外同行教研探讨。此外，大学英语教师还应充分发挥网络教学互动平台（如 blackboard 数学教学平台，雨课堂等）的作用，促进与学生的沟通；关注学术科研社交平台（如 ResearchGate 研究之门，小木虫等），增进与同行的分享，最终提高跨时空、跨文化交流与协作的能力。

4. 信息伦理

信息伦理是大学英语教师在信息化教学和科研中必须重视和遵循的原则，包括信息安全和信息道德两个方面。

首先，信息安全是指在使用互联网和电子设备时要保护信息的安全性和隐私性。大学英语教师在进行在线教学或科研活动时，应当注意保护学生的个人隐私，不泄露学生的个人信息和敏感信息。同时，要通过合理的技术手段过滤和防范有害信息的传播，保障学生的身心健康和安全。此外，教师还应当警惕计算机病毒和网络安全威胁，采取有效的防范措施，确保自己的电脑和其他设备的安全运行。

其次，信息道德是指在信息活动中遵守道德规范和社会准则。大学英语教师应当尊重他人的知识产权和劳动成果，不得擅自复制、传播他人的作品，包括文字、图片、音视频等，必须经过原作者的同意或者明确标注信息来源。特别是在编写教材、设计课程和制作教学资源时，要严格遵守版权法律法规，确保所使用的资料和资源合法、正版。同时，教师还应当杜绝学术不端行为，包括抄袭、剽窃和篡改他人研究成果，坚守学术诚信的底线，维护学术界的良好秩序和声誉。

在信息化教学和科研的背景下，大学英语教师更应当加强对信息伦理的重视和培养，增强信息伦理意识和素养。只有在遵循信息伦理原则的基础上，才能更好地开展教学和科研工作，推动学科的发展和进步。因此，教师应当不断提升自己的信息伦理水平，自觉遵守信息伦理规范，为学生树立良好的榜样，促进信息社会的健康发展。

（二）大学英语教师信息素养提升策略

教师的信息素养对教学内容、教学模式、教学评价、教学效果等方方面面都有直接影响。但是目前研究表明，大学英语教师的信息素养不尽如人意。如何提高他们的信息素养问题亟待解决。

1. 个性化和多元化培训

大学英语教师信息素养培训的内容个性化和形式多元化是提高信息素养的有效途径之一。在组织培训之前，学校和相关部门需要深入了解大学英语教师的个人情况和需求，包括信息化能力、记忆力和理解认知水平等方面的差异。这样，可以有针对性地安排分级分主题的培训内容，确保培训内容贴近教师的实际需求，提高培训的针对性和有效性。

培训内容应该既有理论性地讲解，又要具有实践性，这样教师才能够更好地理解和掌握所学知识，并且能够将其运用到实际教学中去。因此，培训可以包括信息技术知识讲解与现场实操相结合的专题性讲座，以及参与式案例研讨等形式，让教师在参与讨论、实际操作中获得经验和启发。

培训的形式也应该丰富多样，例如，可以开展小组讨论、集体备课、教学观摩、信息技术应用实践等活动，让教师们能够通过互动交流、合作学习等方式相互借鉴、共同成长。

在培训结束后，可以采取生成性成果作为培训的考核形式，例如，要求教师设计教案、录制微课、整理课堂实录等，以检验教师是否真正掌握了培训内容，并且能够将其运用到实际教学中去。

2. 激励性和数字化外部环境

学校可以通过举办信息化教学大赛、创新课件大赛等活动，以赛促学，激发教师的学习热情和创新意识。对于取得优异成绩的教师，可以给予荣誉称号和物质奖励，以鼓励其不断提高信息素养。

学校还可以设立专门的教学改革基金项目，鼓励教师积极申报。通过项目的支持，教师可以开展信息化教学方面的研究，探索新的教学模式和方法，从而促进信息技术与大学英语课程的整合。

为了营造数字化校园的环境，学校可以增加智慧教室、多媒体语音室、慕课录制课栈等硬件设施，提供高速宽带上网环境，打造线上教学资源云平台，优化网络教学平台等软件支持，为教师提供良好的教学工具和平台。

此外，学校还应该组织专业人员为教师提供技术支持和咨询服务，帮助教师解决在信息化教学过程中遇到的各种技术难题，提高教师的信息化教学水平。

3. 自主式和合作式学习

自主学习是教师提高信息素养的重要途径之一。教师可以通过自主查阅相关资料和文献，观摩研究他人的教学实践，参加信息化教学研讨会等方式，不断积累和更新自己的知识和经验。

另外，教师还可以根据自己的兴趣和目标，自发地组成学习共同体。在共同体中，教师可以相互交流、学习，相互督促、合作，共同解决教学中的实际问题，提高信息素养水平。

通过自主式和合作式学习，教师可以更加全面地了解和掌握信息化教学的理论和实践，进一步提高自己的信息素养水平，为提升教学质量和效果提供有力支持。

第二节　不同层次教师的培训需求和支持机制

一、不同层次教师的培训需求分析

（一）初级教师

初级教师是教学岗位的新手，他们需要系统地学习教学理论和方法，以建立教学基础。培训需求包括以下四个方面。

1. 教学理论与方法

初级教师需要深入了解教学理论，包括教育心理学、教育学原理等，以及各种教学方法的基本原理和应用技巧。这对他们建立起对教学的科学认识和有效教学策略至关重要。

（1）深入学习教学理论

初级教师需要系统学习教育心理学、教育学原理等相关理论知识，了解学生的发展特点和学习规律。

（2）掌握教学方法

初级教师应该掌握多种教学方法，包括讲授法、讨论法、案例分析法等，以便灵活运用于教学实践中。

2. 课堂管理

初级教师需要学习课堂管理技巧，这对于建立良好的师生关系、维护良好的教学秩序至关重要。具体培训内容包括：

（1）建立良好师生关系

初级教师需要学习如何与学生建立良好的互动关系，促进学生的学习积极性和参与度。

（2）学生纪律管理

初级教师需要学习如何处理学生在课堂上的纪律问题，包括如何制定规章制度、如何正确处理纠纷等。

3. 教学设计与评价

初级教师需要学习如何设计有效的教学计划和课程，以及如何进行教学评价。

这对于教学目标的实现和教学质量的提升至关重要。具体培训内容包括：

（1）教学计划设计

初级教师需要学习如何根据学科特点和学生需求设计合适的教学计划，确保教学目标的达成。

（2）教学评价方法

初级教师需要学习如何进行教学评价，包括课堂表现评价、作业评价、考试评价等，以及如何根据评价结果调整教学策略。

4. 教学实践指导

除了理论知识，初级教师还需要通过教学实践来提升教学技能。因此，他们需要得到教学实践的指导和辅导。具体培训内容包括：

（1）教学实践指导

初级教师可以通过观摩优秀教师的课堂，学习其教学方法和技巧，并及时反思和总结。

（2）教学实习机会

学校可以为初级教师提供教学实习的机会，让他们在实践中不断积累经验，提高教学水平。

（二）中级教师

中级教师已经具有一定的教学经验，但仍需要进一步提升自己的教学水平和专业能力。他们的培训需求包括以下三个方面。

1. 教学方法的深化与拓展

中级教师需要进一步学习和掌握各种教学方法，以丰富自己的教学手段，提高教学效果。具体培训内容包括：

（1）问题解决式教学

中级教师可以学习如何引导学生运用知识解决实际问题，培养学生的综合分析和解决问题的能力。

（2）合作学习

中级教师需要学习如何组织和引导学生之间的合作学习活动，促进学生之间的互动和合作，提高学习效率。

（3）探究式学习

中级教师可以学习如何通过实验、探究等方式引导学生主动探索知识，激发学生的学习兴趣和探究欲望。

2. 课程设计的创新与实践

中级教师需要学习如何设计创新性的教学内容和课程，以满足学生不同的学习需求，培养学生的创新能力和实践能力。具体培训内容包括：

（1）课程设计原理

中级教师需要学习如何根据学科特点和学生需求设计具有挑战性和创新性的教学内容和课程。

（2）跨学科课程设计

中级教师可以学习如何将不同学科的内容进行整合，设计跨学科的课程，促进学生的综合学习和思维能力的培养。

（3）实践性课程设计

中级教师可以学习如何设计具有实践性的教学内容和课程，让学生通过实践活动来巩固和应用所学知识。

3. 教学技术的应用与推广

随着教育技术的发展，中级教师需要学习如何有效地应用教学技术，以提高教学效果和教学效率。具体培训内容包括：

（1）多媒体教学技术

中级教师需要学习如何运用多媒体技术制作教学课件，丰富课堂教学内容，激发学生的学习兴趣。

（2）在线教学技术

中级教师可以学习如何利用网络教学平台进行在线教学，包括课堂直播、在线讨论等方式，以扩大教学资源的覆盖范围，提高教学灵活性和便捷性。

（三）高级教师

高级教师已经具有丰富的教学经验和较高的专业水平，但仍需要接受专业化的培训，以不断提高自己的教学水平和学术影响力。他们的培训需求包括以下三个方面。

1. 教育领导力的培养

在高级教师的培训中，教育领导力的培养是至关重要的一环。高级教师需要学习如何担任教育领导者的角色，涉及学校管理、教研组织以及师资培训等方面的能力培养。

（1）学校管理技能

学校管理是教育领导者不可或缺的一项技能，它涵盖了诸多方面，包括团队管理、发展规划、资源调配等。高级教师需要学习如何有效地进行学校管理，确保学校运行顺畅、教育目标实现。

团队管理与领导力：学习如何组建和管理学校团队，培养团队合作意识和团队凝聚力，促进学校发展。

规划与执行能力：学习如何制定学校发展规划，确保教育目标的明确和实现，同时具备执行能力，将规划付诸实践。

教育政策理解与运用：学习了解并运用国家和地方的教育政策，指导学校的管理和发展，确保学校在政策框架下有序运行。

（2）教研组织能力

教研组织是促进教师专业成长和学校教学质量提升的关键环节，需要高级教师具备一定的组织和指导能力。

教研活动组织与指导：学习如何组织和指导教研活动，包括确定研究主题、制定研究计划、组织讨论和总结等，推动教研工作的深入开展。

学术交流与合作：学习如何促进教师之间的学术交流和合作，搭建教学资源共享平台，提高教师的专业水平和教学质量。

（3）师资培训技能

师资培训是高级教师的一项重要职责，他们需要具备培养和引导青年教师的能力，传承和发展学校的教育理念和文化。

培训计划与课程设计：学习如何制定师资培训计划和课程设计，根据教师需求和学校发展目标，设计合适的培训内容和形式。

培训方法与技巧：学习如何运用多种培训方法和技巧，增强培训效果，激发教师学习兴趣和积极性。

导师制度建设：学习如何建立和完善导师制度，由资深教师担任导师，为青年教师提供个性化的指导和帮助，促进他们的成长和发展。

通过上述培训内容的学习和实践，高级教师可以提高自己的教育领导力，更好地担当教育领导者的角色，推动学校的发展和进步。

2. 学术研究的深入与拓展

高级教师在教学实践之外，还需要深入学术研究，以提升自身的学术水平和学术影响力。这包括对教育理论、教学方法、课程设计等方面的深入探究和拓展。

（1）学术研究方法

高级教师需要学习深入系统的学术研究方法，以便开展深度和广度都具备的研究工作。

文献查阅技巧：学习如何有效地查找、筛选和阅读学术文献，掌握文献检索工具和数据库的使用方法，提高文献查阅效率。

实证研究方法：学习实证研究的基本原理和方法，包括实验研究、调查研究、案例研究等，以科学的方法获取和分析研究数据。

定量和定性分析：学习定量和定性研究方法，掌握统计分析工具和质性分析方法，以深入研究教育现象并提出合理的结论。

（2）教育理论研究

高级教师可以通过深入研究教育理论，拓展对教育领域的理解和认识，从而为教育实践提供理论支持。

教育哲学与思想：学习经典教育哲学理论，探讨教育的本质、价值和目的，引导教学实践从更高的角度思考问题。

教育心理学研究：深入研究教育心理学理论，了解学生的心理特点和发展规律，指导教学实践更加贴近学生的需求。

教育社会学分析：研究教育在社会和文化背景下的影响和作用，探索教育与社会发展的关系，为教育改革和发展提供理论支撑。

（3）教学方法创新

高级教师需要关注教学方法的创新和发展，以适应时代的变化和学生的需求。

探索现代教学技术：学习利用现代教学技术如信息技术、多媒体技术等，创新教学模式和方法，提高教学效果和吸引力。

个性化教学实践：探索个性化教学的理论和方法，关注学生的个体差异，根据不同学生的需求和特点，设计个性化的教学方案。

跨学科教学研究：深入研究跨学科教学的理论和实践，促进学科之间的融合和交叉，拓宽学生的知识视野和思维方式。

通过深入学术研究，高级教师可以不断拓宽自己的学术视野，提高教学水平和学术影响力，为教育事业的发展作出更大的贡献。

3. 教学管理的专业化与精细化

在高级教师的培训中，教学管理是一个至关重要的方面。高级教师需要掌握课程管理技能、学生管理技能以及教学质量评估技能，以提高教学管理水平和教学质量。

（1）课程管理技能

课程管理是教学过程中不可或缺的一部分，它涉及课程的设计、组织、实施和评价等方面。高级教师需要学习如何设计和管理课程，以确保教学内容的连贯性和完整性。

课程设计原理与方法：高级教师需要深入了解课程设计的原理和方法，包括教学目标的确定、教学内容的选择、教学活动的设计等。

课程结构与组织：学习如何合理组织课程结构，确保各个教学环节的有机衔接，使课程内容更加连贯和易于理解。

课程评价与调整：学习如何进行课程评价，收集学生反馈和教学效果数据，及时调整课程内容和教学方法，以不断提高课程质量。

（2）学生管理技能

学生管理是教学管理的重要组成部分，它包括课堂纪律管理、学生情绪管理等方面。高级教师需要学习如何有效管理学生，确保良好的教学秩序和学习氛围。

课堂纪律管理：学习如何建立和维护良好的课堂秩序，处理学生违纪行为，确保教学顺利进行。

学生情绪管理：学习如何有效处理学生情绪问题，包括沟通技巧、情绪调节策略等，使学生在学习过程中保持积极的心态。

（3）教学质量评估

教学质量评估是教学管理的重要环节，它涉及对教学过程和效果的全面评价。高级教师需要学习如何进行教学质量评估，以持续改进教学工作。

教学效果评价：学习如何对教学效果进行科学评估，包括知识掌握情况、技能运用能力、学习态度等方面的评价。

学生评价：学习如何设计和实施学生评价工具，包括考试、作业、问卷调查等，收集学生反馈信息，了解他们的学习情况和需求。

同行评教：学习如何进行同行评教，相互交流教学经验和教学方法，共同提高教学水平。

通过上述培训内容的学习和实践，高级教师可以提高自己的教学管理水平和教学质量，为学生提供更加优质的教育服务。

二、建立有效的教师支持体系，提供培训和发展机会

（一）培训课程设计

为了满足不同层次教师的学习需求和发展阶段，建立多层次、多样化的培训课程体系至关重要。以下是针对不同层次教师的培训课程设计的具体措施。

1. 基础培训

基础培训是针对初级教师的培训课程，旨在为他们提供必要的教学基础知识和技能，帮助他们建立教学基础。

（1）课堂管理技巧

课堂管理是教师工作中至关重要的一部分，良好的课堂管理能够有效提高教学效果。在基础培训中，应包括以下技巧。

建立良好师生关系：培训教师如何建立积极、亲和的师生关系，建立学生对教师的尊重和信任，从而更好地进行教学活动。

处理学生纪律问题：提供有效的学生纪律管理策略，如如何预防和处理学生违纪行为，维护课堂秩序和教学正常进行。

管理教学时间：帮助教师合理规划教学时间，安排教学内容，确保教学过程有序进行，充分利用课堂时间。

（2）教学设计基础

教学设计是教学工作的重要环节，良好的教学设计能够提高教学效果和学生学习积极性。在基础培训中，应包括以下内容。

教学目标的设定：培训教师如何明确教学目标，确保教学活动的针对性和有效性，使学生能够达到预期的学习效果。

教学内容的选择：帮助教师选择与教学目标相符合的教学内容，根据学生的实际水平和需求，设计合适的教学内容和教学材料。

教学活动的设计：引导教师设计多样化、生动有趣的教学活动，激发学生的学习兴趣和参与度，提高教学效果。

（3）评价方法介绍

教学评价是教学过程中的重要环节，能够帮助教师了解学生的学习情况，及

时调整教学策略，提高教学效果。在基础培训中，应包括以下内容。

教学效果评估：介绍教师如何评估教学效果，包括对学生学习成绩、学习态度和学习能力的评价，以及对教学过程的反思和总结。

学生评价：指导教师如何引导学生进行自我评价和互评，促进学生的自主学习和学习动力，建立良好的学习氛围。

同行评教：引导教师参与同行评教活动，相互学习、相互交流，共同提高教学水平。

2. 进阶培训

进阶培训旨在为中级教师提供更深入的教学方法和课程设计方面的培训，以进一步提升其教学水平和专业能力。

（1）教学方法深化

教学方法的深化培训旨在帮助中级教师掌握更多、更高级别的教学方法，以丰富其教学手段，提高教学效果。

问题解决式教学：引导教师学习如何通过引导学生解决实际问题的方式进行教学，培养学生的问题解决能力和创新思维。

合作学习：指导教师如何设计和组织合作学习活动，促进学生之间的合作与交流，培养团队合作精神和沟通能力。

探究式学习：帮助教师了解探究式学习的理念和方法，引导学生主动探索、发现知识，提高其学习兴趣和动机。

（2）课程设计创新

课程设计创新培训旨在帮助中级教师学习如何设计创新性的教学内容和课程，以满足学生不同的学习需求，培养学生的创新能力和实践能力。

创新性课程设计：引导教师学习如何设计具有创新性的教学内容和课程，结合学科特点和学生需求，打破传统教学模式，激发学生的学习兴趣。

个性化学习：指导教师如何根据学生的个性和学习需求，设计个性化的学习任务和活动，提高学生的学习积极性和主动性。

跨学科课程设计：帮助教师学习如何设计跨学科的教学内容和课程，促进不同学科之间的融合与交叉，培养学生的综合素养和创新能力。

（3）教学技术应用

教学技术应用培训旨在引导中级教师学习如何有效地应用教学技术，包括多媒体教学、在线教学等，以提高教学效果和教学效率。

多媒体教学：帮助教师掌握多媒体教学技术的应用方法，如 PPT 制作、视频制作等，丰富教学内容，提高教学吸引力和趣味性。

在线教学：引导教师学习如何利用在线教学平台进行教学活动，如远程授课、在线讨论、作业布置等，拓展教学空间，满足学生个性化学习需求。

教学软件应用：指导教师熟练掌握教学软件的使用方法，如虚拟实验软件、交互式教学软件等，提高教学效率和教学效果。

3. 专业发展培训

专业发展培训旨在为高级教师提供教育领导力、学术研究、教学管理等方面的培训，以促进其在教学领域的专业发展。

（1）教育领导力的培养

教育领导力培养旨在培养高级教师担任教育领导者的角色，使其能够在学校管理、教研组织、师资培训等方面发挥积极作用。

学校管理：提供关于学校管理的培训，包括管理团队、规划学校发展方向、制定教育政策等方面的能力培养。

教研组织：指导高级教师如何组织和指导教研活动，促进教师之间的学术交流和合作，提高教学质量。

师资培训：帮助高级教师学习如何进行师资培训，培养和引导青年教师，传承和发展学校的教育理念和文化。

（2）学术研究的深入

学术研究深入培训旨在提供深入的学术研究培训，包括教育理论、教学方法、课程设计等方面的研究，以提高高级教师的学术水平和影响力。

学术研究方法：提供深入系统的学术研究方法培训，包括文献查阅、实证研究、定量和定性分析等。

教育理论研究：指导高级教师深入研究教育理论，探讨教育现象背后的深层次规律和原理，为教育实践提供理论支持。

（3）教学管理专业化

教学管理专业化培训旨在引导高级教师学习如何进行教学管理，包括课程管理、学生管理、教学质量评估等方面的专业化知识和技能。

课程管理技能：帮助高级教师学习如何设计和管理课程，确保教学内容的连贯性和完整性。

学生管理技能：指导高级教师如何有效管理学生，包括课堂纪律管理、学生情绪管理等。

教学质量评估：培训高级教师如何进行教学质量评估，包括教学效果评价、学生评价、同行评教等，以持续改进教学工作。

（二）培训方式多样化

为了提高培训的灵活性和效率，可以采用多样化的培训方式，包括但不限于：

1. 面对面培训

面对面培训是传统的培训方式之一，通过定期组织线下培训课程，为教师提供与专业教师面对面交流和学习的机会。这种方式可以促进教师之间的互动和交流，提供实时反馈和指导。

2. 在线教育平台

建立在线学习平台是一种灵活的培训方式，为教师提供自主学习的渠道。通过视频课程、在线讨论等形式，教师可以根据自身时间和需求选择适合的学习内容，实现随时随地地学习。

3. 研讨会与讲座

定期举办专题研讨会和讲座是一种集中展示和交流最新教学理念和经验的方式。通过邀请专家学者分享教学方法、教育技术等方面的最新研究成果，可以促进教师的学术交流与成长，激发他们的教学创新意识。

（三）导师制度建设

建立导师制度，通过资深教师为初级和中级教师提供个性化的指导和辅导，促进他们的专业成长和发展。

1. 导师指导

资深教师作为导师，为初级和中级教师提供个性化的指导和辅导。这种指导包括但不限于以下几个方面。

教学实践指导：导师通过与教师面对面的交流和观摩，为其提供实践性的指导，帮助他们解决实际教学中遇到的问题，并提供有效的解决方案。

课堂观摩与反思：导师可以组织教师观摩优秀教师的课堂，并帮助他们进行反思和总结，从而提高他们的教学水平和能力。

2. 经验分享

导师与教师分享自己的教学经验、教学方法和教学资源，促进教师之间的交流和互助。这种分享可以通过以下方式进行。

定期交流会议：定期组织导师与教师的交流会议，让导师分享自己的教学心得和经验，为教师提供启发和帮助。

教学资源共享：建立教学资源共享平台，让导师和教师分享教学设计、教学案例、教学资料等，丰富教学内容，提高教学质量。

（四）学习资源共享

建立教学资源共享平台是提高教师教学水平和促进教学交流的重要举措，通过提供教学案例、教学设计、教学资料等资源共享和交流平台，帮助教师们更好地准备和实施教学活动。

1. 资源上传

教师可以将自己精心设计的教学资源上传到共享平台上，供其他教师参考和借鉴。这些资源可以包括但不限于以下几点。

教学设计：包括课程大纲、教学目标、教学内容、教学活动设计等方面的教学设计，帮助其他教师更好地组织和实施教学活动。

教学案例：包括真实的教学案例、教学实践经验等，让其他教师了解不同情境下的教学方法和策略。

教学资料：包括课件、教学视频、教学素材等，为其他教师提供丰富的教学资源。

2. 资源下载

教师可以从共享平台上获取其他教师分享的教学资源，丰富自己的教学内容和方法。

获取灵感：通过浏览其他教师分享的教学资源，教师可以获取新的教学思路和灵感，促进自己的教学创新。

借鉴经验：借助他人的教学经验和方法，教师可以更好地应对教学中的挑战，提高自己的教学水平。

（五）教师评价与激励机制

建立健全的教师评价与激励机制是促进教师专业发展和提高教学质量的重要手段。通过对教师的培训参与情况和培训效果进行评价和激励，可以有效地激发教师的学习积极性和教学热情。

1. 培训考核

对教师参与培训的情况进行考核，以鼓励其积极参与培训活动。

考勤记录：对教师参加培训活动的出勤情况进行记录和统计，确保其参与培训的时间和次数达到规定要求。

培训成绩：对教师参加培训后的学习成绩进行评定，包括课程考核成绩、作业完成情况等，以评估其对培训内容的掌握程度。

2. 成果评价

对教师参与培训后的教学效果进行评价，以反映培训对教师教学水平的提升和学生学习成果的影响。

学生学习成绩提升：对教师参与培训后所教学生的学习成绩进行比对分析，评估培训对学生学习的实际影响。

教学方法改进：收集学生和教师的反馈意见，评估教师在培训后是否改进了教学方法，提高了教学效果。

3. 激励措施

根据教师的培训成绩和教学效果，给予相应的奖励和激励，以提高其对培训的积极性和参与度。

表彰先进个人：对在培训中表现突出的教师进行表彰，鼓励他们成为培训的榜样和引领者。

发放奖金：对取得优异成绩的教师给予一定的奖金或者津贴，作为对其努力和成绩的认可和鼓励。

提供晋升机会：将培训成绩和教学效果作为评定教师晋升或职称评定的重要参考依据，为教师提供晋升的机会和空间。

通过上述评价与激励机制的建立和落实，可以有效激发教师的学习热情和教学动力，促进其专业成长和教学水平的提高，进而提升学校教育教学质量。

参考文献

[1] 杨雪芳. 分级教学在大学英语教学中的应用 [J]. 教育探索, 2013（6）: 63-64.

[2] 夏纪梅. 论高校大学学术英语课程的建构 [J]. 外语教学理论与实践, 2014, 1（1）: 6-9.

[3] 陈颖. 以美育德以德为美 [J]. 中国教育学刊, 2021（S1）: 183-185.

[4] 冯秀军. 时代新人培养与新时代的大学使命 [J]. 东北师大学报（哲学社会科学版）, 2020（2）: 35-39.

[5] 胡远远. 基于审美感知能力培养的新时代大学美育探索 [J]. 美育学刊, 2020（6）: 20-26.

[6] 李小妮. 语感培养与英语学习环境建构 [J]. 英语学刊, 2016（6）: 134-137.

[7] 施滋英. 论教育审美化的价值 [J]. 中国成人教育, 2015（15）: 30-32.

[8] 杨华, 李莉文. 融合跨文化能力与大学英语教学的行动研究 [J]. 英语与英语教学, 2017（2）: 9-17.

[9] 张政文, 王维国. 新时代高校德智体美劳五育融合的哲学智慧 [J]. 南方文坛, 2022, 42（2）: 20-40.

[10] 周福盛, 黄一帆. 社会美育力量参与学校美育: 价值、困境与路径 [J]. 江苏高教, 2022（1）: 105-114.

[11] 孔标. "大思政"格局下大学英语"课程思政"的落实研究 [J]. 长春师范大学学报, 2020, 39（3）: 179-182.

[12] 黄佰宏. "课程思政"视域下的大学英语教学改革与实践——以浙江理工大学为例 [J]. 浙江理工大学学报（社会科学版）, 2020, 44（4）: 466-472.

[13] 姜春华, 刘英健. 传统文化融入大学英语课程思政的实践探索——以《全新版大学进阶英语》为例 [J]. 海外英语, 2021（6）: 129-130.

[14] 时园园 ."课程思政"融入大学英语教学的实践探索——以抗疫时期的大学英语教学为例 [J]. 海外英语，2021（6）：170-171.

[15] 蔡基刚 . 课程思政视角下的大学英语通识教育四个转向：《大学英语教学指南》（2020 版）内涵探索 [J]. 外语电化教学，2021（1）：4，27-31.

[16] 夏海玲 . 课程思政视域下大学英语演讲教学实践与 MF 教学模式探究 [J]. 校园英语，2021（6）：33-34.

[17] 房慧 . 融入中国红色文化的大学英语课程思政教学探索——以陕西红色文化为例 [J]. 校园英语，2021（5）：12-13.

[18] 袁璐 . 课程思政视角下在线大学英语教学中使用网络新闻英语的实践反思 [J]. 中国多媒体与网络教学学报（上旬刊），2021（2）：163-166.

[19] 陈敏，谢天言 . 基于学习需求分析的大学英语"课程思政"教学研究 [J]. 江苏经贸职业技术学院学报，2020（3）：85-88.